4

generazione

Luana Ravecca

VEDO ROSA

Curiosità, test, strip umoristiche
e tanta informazione

Illustrazioni di Paola Camoriano

Paoline

Grafica di Ivo Kaplun

3ª edizione, 2008

PAOLINE Editoriale Libri

Via Francesco Albani, 21 - 20149 Milano
www.paoline.it
edlibri.mi@paoline.it
Distribuzione: Diffusione San Paolo s.r.l.
Corso Regina Margherita, 2 - 10153 Torino

TRE, DUE, UNO, SI PARTE!!

Alt!… Stop!… Ferme lì… Nessuna si muova!

Ehi, ragazze, non saltate questa pagina!

Datemi almeno un minuto per la presentazione: mi chiamo Tinny, sono una *teenager* come voi e proprio come voi ho una grande voglia di conoscere e scoprire il mondo. Per questo ho scelto *Vedo rosa*, il manuale per noi ragazze più completo, intrigante e divertente che ci sia. Non perdetene nemmeno una pagina!

Ma… mi raccomando, non ditelo ai maschietti!

La vostra amica Tinny

Non solo BELLE

1

«Le cose importanti sono invisibili agli occhi ma visibili al cuore».
«La bellezza è negli occhi di chi guarda».
«La vera e sola bellezza è quella del cuore».

Ognuno di questi detti ha in sé un fondamento di verità: le qualità più autentiche sono sicuramente quelle del cuore e dell'anima ma, molto spesso, le persone vengono giudicate per ciò che appaiono.

Chi, con superficialità, si lascia andare a questo tipo di apprezzamento non tiene conto di due elementi fondamentali: il primo è che le qualità puramente esteriori svaniscono con il passare del tempo, mentre quelle interiori restano; il secondo è che ogni cultura e ogni epoca ha portato con sé canoni di bellezza diversi.

Presso i Maya, per esempio, la mascella prominente e il naso schiacciato costituivano elementi di straordinario fascino; da noi, invece, agli inizi del Novecento, per «essere alla moda» le donne evidenziavano le occhiaie (quelle stesse ombre scure sotto gli occhi che oggi tentiamo di coprire con l'aiuto di correttori e fondotinta!). Che dire poi dei tatuaggi? Un tempo appannaggio esclusivo di marinai e popolazioni primitive, oggi sono una moda fin troppo dilagante.

Appare chiaro, quindi, come ogni civiltà abbia cercato, e cerchi, di definire i valori della bellezza secondo la propria cultura. Ma appare altrettanto chiaro quanto vano sia tale sforzo: una volta trovato il criterio qualificativo, infatti, questo si rivela destinato a mutare in tempi brevissimi.

Nelle pagine che seguono, accanto ad aneddoti e curiosità storiche, troverete consigli e suggerimenti relativi alla cura della persona, ma non dimenticate che la cosa veramente importante è accettarsi così come si è. Parola di Tinny!

Bella non basta

Intervista a Michela Desolei
curatrice di immagine

Lei è esperta di look. Quali sono le richieste che riceve più frequentemente dalle giovanissime?

Al contrario delle clienti più adulte, le ragazze tra i dodici e i quattordici anni hanno quasi sempre idee molto precise ed è estremamente difficile dissuaderle, anche quando la richiesta non si adatta perfettamente alle loro caratteristiche fisiche. Le adolescenti, infatti, sono molto – troppo – attratte dal mondo dello spettacolo e per lo più chiedono interventi sul loro look che le facciano somigliare alla *velina* o alla *letterina* del momento. Io sono contraria alla creazione di « ragazze fotocopia » e quindi suggerisco alle clienti di qualsiasi età di valorizzare le loro qualità individuali.

A che cosa è dovuto questo comportamento?

Per rispondere correttamente a questa domanda occorrerebbe essere psicologi. L'esperienza però mi ha insegnato che nelle dodicenni-quattordicenni si manifesta un atteggiamento che definirei « eccesso di apparenza »: le ragazze non sempre riescono ad accettarsi per ciò che sono e pertanto rinunciano a valorizzarsi in modo semplice e

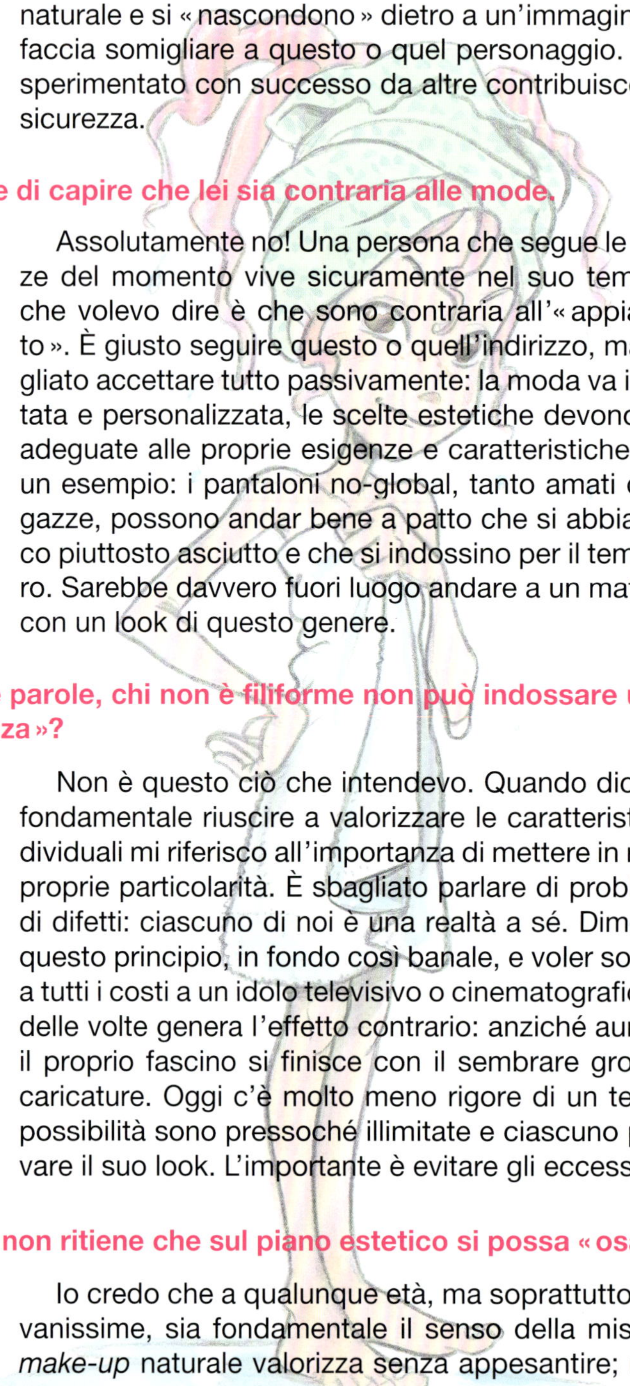

naturale e si « nascondono » dietro a un'immagine che le faccia somigliare a questo o quel personaggio. Un look sperimentato con successo da altre contribuisce a dare sicurezza.

Mi pare di capire che lei sia contraria alle mode.

Assolutamente no! Una persona che segue le tendenze del momento vive sicuramente nel suo tempo. Ciò che volevo dire è che sono contraria all'« appiattimento ». È giusto seguire questo o quell'indirizzo, ma è sbagliato accettare tutto passivamente: la moda va interpretata e personalizzata, le scelte estetiche devono essere adeguate alle proprie esigenze e caratteristiche. Faccio un esempio: i pantaloni no-global, tanto amati dalle ragazze, possono andar bene a patto che si abbia un fisico piuttosto asciutto e che si indossino per il tempo libero. Sarebbe davvero fuori luogo andare a un matrimonio con un look di questo genere.

In altre parole, chi non è filiforme non può indossare un capo che « fa tendenza »?

Non è questo ciò che intendevo. Quando dico che è fondamentale riuscire a valorizzare le caratteristiche individuali mi riferisco all'importanza di mettere in risalto le proprie particolarità. È sbagliato parlare di problemi e/o di difetti: ciascuno di noi è una realtà a sé. Dimenticare questo principio, in fondo così banale, e voler somigliare a tutti i costi a un idolo televisivo o cinematografico, il più delle volte genera l'effetto contrario: anziché aumentare il proprio fascino si finisce con il sembrare grossolane caricature. Oggi c'è molto meno rigore di un tempo, le possibilità sono pressoché illimitate e ciascuno può trovare il suo look. L'importante è evitare gli eccessi.

Quindi non ritiene che sul piano estetico si possa « osare »?

Io credo che a qualunque età, ma soprattutto da giovanissime, sia fondamentale il senso della misura. Un *make-up* naturale valorizza senza appesantire; una dodicenne truccatissima e troppo abbronzata per le numerose sedute di lampada mi fa tenerezza, non sa vivere la sua età e non sa metterne in risalto gli aspetti migliori. Il trucco e l'abbigliamento « esagerati » vanno benissimo per una serata in discoteca o per una festa tra amici, ma a un'età maggiore. A dodici o tredici anni si è sempre così graziose da non avere necessità di « passare la misura ».

Come dovrebbe truccarsi un'adolescente per mettere in risalto la propria bellezza?

La prima regola, come ho appena detto, è la sobrietà. No, quindi, ad abbronzature selvagge, fondotinta e ombretti. Sì al mascara, al lucidalabbra trasparente o di tonalità chiara e luminosa e al fard, di colore naturale, per dare luce al viso.

Quali altri suggerimenti può dare alle nostre lettrici?

L'elemento che maggiormente necessita di attenzione è la pelle. Per il viso è fondamentale la cura serale: anche se non si è fatto uso di *make-up*, il viso deve essere pulito per liberarlo dalle impurità. A questa età non sono necessari prodotti specifici o costosi, bastano un comune latte detergente e un tonico (ottima anche la tradizionale acqua di rose), mentre per il corpo un *peeling* settimanale e una buona crema idratante, uniti all'uso del guanto di crine durante il bagno, consentiranno di avere un'epidermide sempre morbida ed elastica. Attenzione alle « tanto amate » lampade, perché la prolungata esposizione ai raggi Uva, ma anche a quelli solari, genera un precoce invecchiamento della pelle.

E per quanto riguarda i capelli?

Un buon prodotto detergente e un balsamo sono certamente i migliori amici delle nostre chiome. In particolare raccomando l'uso del balsamo per chi ha i capelli lunghi o molto secchi.

E il taglio?

La scelta di un'acconciatura lunga o corta dipende dalla forma del viso e dalla personalità. L'importante è che il taglio sia sempre curato e che faccia sentire bene chi lo porta. Se si opta per i capelli lunghi, meglio che siano scalati: in questo modo la capigliatura risulta meno pesante e valorizza maggiormente il viso. Per le grandi occasioni suggerisco di « lavorare » con gel e forcine i capelli corti e di raccogliere in uno chignon quelli lunghi.

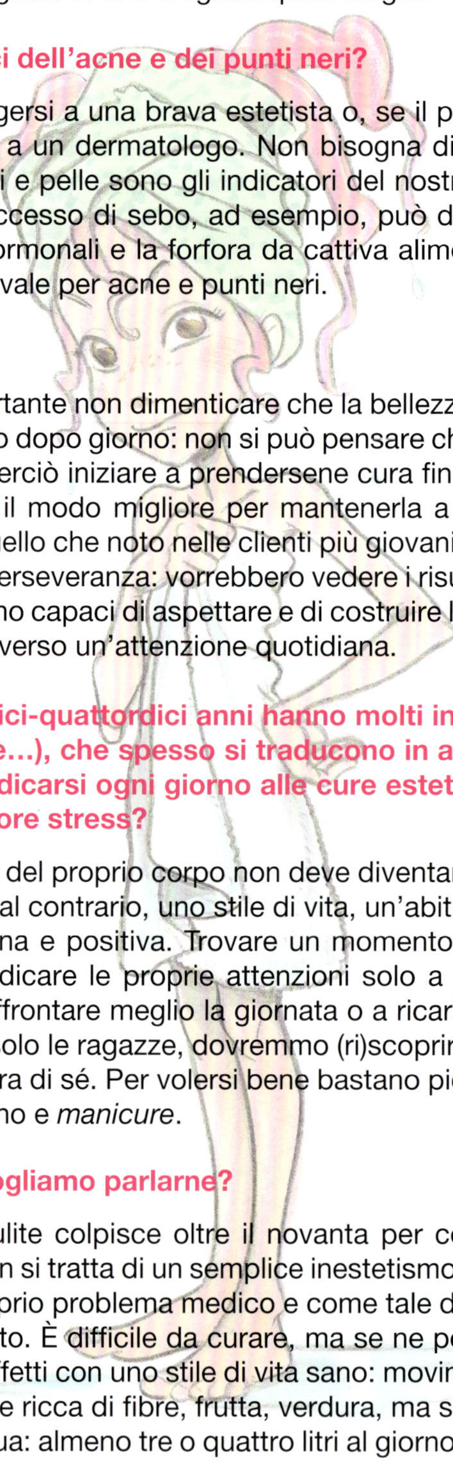

Che cosa può dirci dell'acne e dei punti neri?

Di rivolgersi a una brava estetista o, se il problema è più grave, a un dermatologo. Non bisogna dimenticare che capelli e pelle sono gli indicatori del nostro stato di salute: l'eccesso di sebo, ad esempio, può derivare da problemi ormonali e la forfora da cattiva alimentazione. Lo stesso vale per acne e punti neri.

Altri consigli?

È importante non dimenticare che la bellezza va coltivata giorno dopo giorno: non si può pensare che duri per sempre, perciò iniziare a prendersene cura fin da giovanissime è il modo migliore per mantenerla a lungo nel tempo. Quello che noto nelle clienti più giovani è la mancanza di perseveranza: vorrebbero vedere i risultati subito, non sono capaci di aspettare e di costruire la loro bellezza attraverso un'attenzione quotidiana.

Le ragazze di dodici-quattordici anni hanno molti interessi (la scuola, lo sport, le amiche...), che spesso si traducono in altrettanti impegni. Non crede che dedicarsi ogni giorno alle cure estetiche possa diventare fonte di ulteriore stress?

La cura del proprio corpo non deve diventare una nevrosi, ma, al contrario, uno stile di vita, un'abitudine piacevole, sana e positiva. Trovare un momento per rilassarsi e dedicare le proprie attenzioni solo a se stesse aiuta ad affrontare meglio la giornata o a ricaricarsi. Noi tutti, non solo le ragazze, dovremmo (ri)scoprire il piacere della cura di sé. Per volersi bene bastano piccoli gesti come bagno e *manicure*.

Odiata cellulite! Vogliamo parlarne?

La cellulite colpisce oltre il novanta per cento delle donne. Non si tratta di un semplice inestetismo, ma di un vero e proprio problema medico e come tale deve essere affrontato. È difficile da curare, ma se ne possono ridurre gli effetti con uno stile di vita sano: movimento, alimentazione ricca di fibre, frutta, verdura, ma soprattutto molta acqua: almeno tre o quattro litri al giorno aiutano a depurare e regolare l'intestino, prevenendo inoltre la stipsi, che è una delle aggravanti della cellulite.

Si parla tanto di «rimedi naturali». Lei che cosa ne pensa?

Quando sento nominare i «rimedi naturali», mi vengono in mente le leggende metropolitane... Molti di questi suggerimenti cosiddetti «naturali» sono legati a epoche storiche nelle quali la cosmesi praticamente non esisteva e quindi la donna cercava soluzioni con quello che aveva a portata di mano. Per esempio, uno dei più tradizionali rimedi per i capelli secchi consisterebbe nel fare impacchi con il tuorlo dell'uovo: questo sistema, non solo non porta alcun miglioramento tangibile, ma lascia sulla cute un fastidioso odore difficile da eliminare anche con molti risciacqui.

Non ci sono dunque rimedi casalinghi?

Ce ne sono decisamente meno di quanto si pensi. Però alcuni funzionano. Per esempio, un buon *peeling* può essere realizzato miscelando olio d'oliva e zucchero fino a ottenere una crema densa e omogenea. Il composto va poi massaggiato su tutto il corpo, viso compreso, con movimenti morbidi e non troppo veloci. Poi, per completare il trattamento, una doccia con acqua tiepida.

Per una pulizia profonda del viso consiglio invece una mini-sauna facciale. Si tratta di un rimedio molto efficace per regalare una sferzata di energia al viso. Realizzarla è facile: basta far bollire un litro d'acqua e poi versarla in una bacinella dove sono stati precedentemente depositati due cucchiai colmi di bicarbonato. Conclusa la preparazione, si dovrà coprire il tutto con un asciugamano e... ficcarsi sottocoperta! Il vapore farà sudare il viso dilatando i pori e purificandoli dalle tossine. L'operazione va ripetuta per almeno una decina di volte, dopodiché si sciacqua il viso con acqua fredda e lo si tonifica con acqua di rose.

Lei si occupa di total look. Che cosa può dirci in merito all'abbigliamento?

Oggi, rispetto al passato, ci sono molte più possibilità: ciascuno può trovare la soluzione che gli si adatti meglio. Non ci sono regole o, meglio, la sola regola è… la mancanza di regole! Per essere donne adulte affascinanti bisogna imparare a valorizzare la propria immagine fin da giovani. Soprattutto non bisogna dimenticare che l'eleganza è un concetto a trecentossessanta gradi, nessun particolare deve essere trascurato. Invece le giovanissime tendono molto spesso a sottovalutare gli aspetti meno evidenti, ad esempio l'intimo. Così magari portano la felpa ultima moda e il sabot griffato, ma indossano reggiseno e mutandine di colore o modello diverso o, peggio, calze corte con gonne. Questo denota la superficialità tipica di chi tende a valorizzare solo ciò che vedono gli altri. Ancora una volta l'apparenza prevale sulla sostanza. Ma, come si suol dire, è il particolare che fa l'eleganza.

Quale definizione dà della parola «look»?

Il look è un'espressione di linguaggio non verbale. Attraverso il modo di vestire o di acconciare i capelli noi trasmettiamo un messaggio agli altri: facciamo capire chi siamo oppure chi vorremmo essere.

Un ultimo suggerimento per le lettrici…

Siate sempre vere e genuine, non seguite ideali che non vi appartengono, ma, al contrario, cercate di sentirvi bene con voi stesse e di amarvi per ciò che siete.

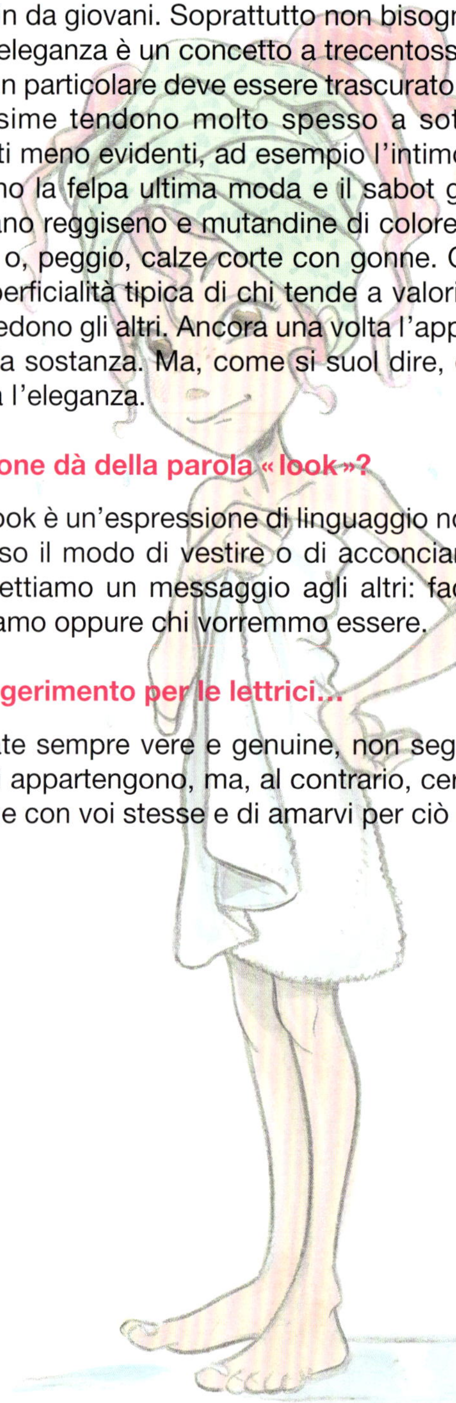

Viso tondo e paffutello? Prova un look con ciocche « finto spettinato »!

Per zigomi sporgenti meglio una chioma sfilata portata in avanti.

Ecco alcuni suggerimenti di Michela Desolei per valorizzare al meglio la vostra bellezza attraverso un appropriato taglio di capelli.

Un viso allungato con fronte sporgente necessita di una frangia « importante ».

Se hai lineamenti minuti, cerca una soluzione che lasci scoperto il viso.

L'ACNE

Un problema diffuso

L'acne è una malattia della pelle che si manifesta con infiammazione del bulbo pilo-sebaceo. La forma più diffusa è quella giovanile, che colpisce entrambi i sessi in un'età compresa tra i quattordici e i diciotto anni, per poi migliorare o scomparire, quasi sempre, verso i venticinque.

La causa principale dell'acne è lo squilibrio nella quantità degli ormoni androgeni, cioè di quegli ormoni maschili che vengono prodotti, seppure in piccola quantità, anche dalle donne. Tale squilibrio genera un aumento di sebo (grasso) che si deposita sulla pelle provocando veri e propri « tappi » sui follicoli piliferi. All'interno dei follicoli ostruiti, i batteri trasformano il grasso in sostanze irritanti, con conseguenti infiammazioni e infezioni.

L'acne è localizzata principalmente su viso, collo, torace e spalle, parti del corpo dove sono presenti in maggior numero le ghiandole sebacee. Le forme più lievi colpiscono lo strato superficiale della cute e si manifestano sotto forma di comedoni (punti neri) e foruncoli. Quelle più gravi attaccano invece lo strato profondo della pelle e possono provocare l'insorgere di vere e proprie formazioni solide come noduli e cisti.

Benché molto antiestetica, l'acne non è una malattia grave, anche se può lasciare cicatrici indelebili e causare notevoli problemi sul piano psicologico.

Pertanto è sempre buona norma rivolgersi a un medico, che consiglierà i rimedi del caso (generalmente una cura locale costituita da creme, lozioni e detergenti). No, quindi, ai rimedi fai-da-te e alle « cure emulative », ossia all'assunzione di questo o quel prodotto solo perché ha giovato a un'amica o a una conoscente. Mai come in campo medico è necessario ricordare che ogni persona è un individuo a sé e come tale deve essere curata.

A seconda della gravità del fenomeno, lo specialista potrà indirizzare il paziente verso soluzioni diverse a base di ormoni o antibiotici. In caso di lesioni resistenti o cicatrici dure, è possibile ricorrere a terapie speciali quali criochirurgia, infiltrazioni di steroidi, dermoabrasione, chemiochirurgia (con fenolo, TCA, cioè acido tricloroacetico), acido glicolico concentrato, elettrochirurgia temporizzata, laser CO_2.

In questi casi la scelta dello specialista è molto importante: una tecnica chirurgica o parachirurgica dà buoni risultati (e non esclusivamente nel campo dell'acne) solo quando venga eseguita con scrupolosità e competenza. In ogni caso è necessaria la collaborazione del paziente: le terapie sono spesso lunghe e i risultati non sempre immediati. Gli adolescenti (quasi certamente anche tu che stai leggendo!) sono spesso impazienti, mentre in questo tipo di cura è necessaria la perseveranza.

VERO O FALSO?

Di seguito sono elencate alcune tra le più diffuse convinzioni in materia di acne. Scopriamo assieme quali rispondono al vero e quali invece sono del tutto infondate.

L'acne si manifesta soltanto negli adolescenti e poi scompare per sempre attorno ai venti-venticinque anni.

FALSO. In una minoranza di casi interessa anche l'età adulta. Nelle donne può inoltre ripresentarsi ciclicamente in prossimità delle mestruazioni e di gravidanze.

Dolci e alimenti grassi o piccanti aggravano le manifestazioni dell'acne.

FALSO. Che certi alimenti, come cioccolato o salumi, possano favorire l'insorgenza o il peggioramento dell'acne non è dimostrato. Disturbi digestivi e stitichezza possono tuttavia essere considerati concause.

L'acne può migliorare nei periodi estivi o con climi secchi.

VERO. L'esposizione al sole può essere utile ma, se si stanno utilizzando prodotti specifici per la cura dell'inestetismo, non va protratta a lungo, per evitare allergie e irritazioni.

I frequenti lavaggi irritano ulteriormente la pelle.

FALSO. Al contrario, vanno rispettate rigorose norme igieniche: occorre lavare delicatamente il viso più volte al giorno, soprattutto se untuoso, ma con prodotti adatti, evitando i saponi troppo aggressivi e le lozioni eccessivamente alcoliche, perché, se inizialmente sgrassano la pelle, nel tempo generano l'effetto contrario, stimolando una maggiore produzione di sebo.

Schiacciare i comedoni, rompere le pustole o togliere le croste peggiora lo stato dell'acne.

VERO. Queste pratiche, oltre a generare infezioni, lasciano spesso fastidiose cicatrici.

Per minimizzare gli inestetismi causati dall'acne si possono coprire le lesioni con il trucco.

FALSO. Fondotinta, creme colorate e fard provocano l'ostruzione dei pori e pertanto peggiorano la situazione.

Non è necessario ricorrere a cure mediche: il problema passerà con gli anni.

FALSO. L'acne è una malattia e come tale necessita di un adeguato intervento medico. Inoltre, qualora il dermatologo accerti che il fenomeno è acuito da disagi emotivi, può rivelarsi utile anche la psicoterapia: non va infatti dimenticato che stati di eccessiva tensione nervosa possono essere un'aggravante.

ONICOFAGIA

Bisogno inespresso d'amore

L'onicofagia è quell'impulso che spinge le persone a mordicchiarsi le unghie. Almeno il cinque per cento della popolazione è affetto da questa « abitudine », che nasce in età prescolare, raggiunge l'apice durante l'adolescenza e, talvolta, persiste anche in età adulta.

Sono colpite da questo piccolo ma fastidioso disturbo soprattutto le persone (in maggioranza donne) timide, remissive, ansiose. In altre parole, i soggetti che si mangiano le unghie reagiscono alle offese o a ciò che considerano ingiusto *non reagendo* e orientando su se stessi gli impulsi aggressivi. Questo atteggiamento autolesionistico non si esprime soltanto contro unghie e pellicine: talvolta si manifesta nella tendenza a tormentare i capelli fino a strapparli, oppure nel mordicchiarsi le labbra o l'interno delle gote. In tutti questi casi, quanto più l'ambiente esterno (scuola, famiglia, ecc.) sarà portatore di divieti, negazioni, punizioni o prove difficili da superare, tanto più il soggetto ricorrerà a comportamenti autopunitivi.

Le ragioni scatenanti il problema sono molte, ma tutte riconducibili a una unica sfera: l'affettività. Spesso l'onicofagia compare nei bambini il cui ambiente familiare è disturbato da litigi e incomprensioni tra i genitori e talvolta può coincidere con la nascita di un fratellino. Negli adolescenti, in genere, si manifesta quando le aspettative dei genitori nei loro confronti sono troppo alte. Oppure è legata all'incapacità dei giovanissimi di accettare, in se stessi, l'esistenza di sentimenti « di ribellione » senza provare sensi di colpa. In questo caso, l'onicofagia insorge nell'esatto momento in cui i soggetti sentono dentro di sé sentimenti « inaccettabili », quando cioè si vedono costretti a fare qualcosa che detestano o li fa sentire a disagio. La maggioranza delle persone colpite, inoltre, non sente a sufficienza l'amore dei genitori e questa carenza sfocia nell'ansia.

Ma il gesto di rosicchiare, e quindi di portare qualcosa alla bocca, richiama anche l'esperienza del seno materno e genera in chi lo compie un effetto tranquillizzante. L'onicofagia, perciò, è un comportamento di contenuto ambivalente: da un lato autolesionista, dall'altro consolatorio e rassicurante.

Con la fine dell'adolescenza i conflitti interpersonali cessano o, almeno, regrediscono, per lasciare il posto a un nuovo tipo di rapporto tra genitori e figli fondato sulla complicità e sull'affetto, e questo cambiamento porta, quasi sempre, al superamento del problema. Certo, l'abitudine di mangiarsi le unghie non passa da un giorno all'altro, ma, venendo meno il disagio scatenante, regredisce fino a scomparire, salvo poi ripresentarsi nei momenti di difficoltà e ansia, anche in età adulta.

QUALCHE CONSIGLIO PER...

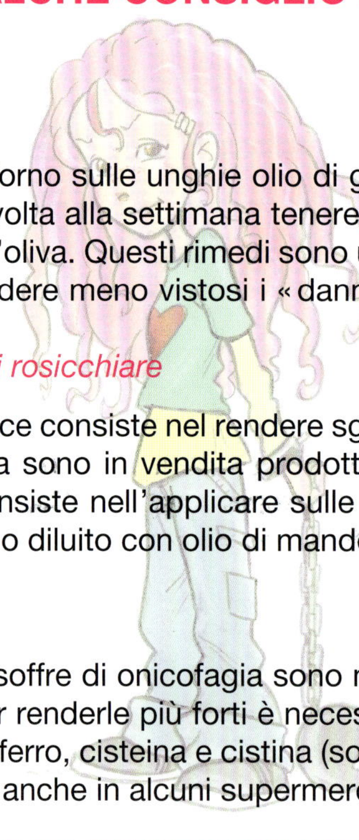

Eliminare i danni

Applicare ogni giorno sulle unghie olio di germe di grano oppure olio di ricino e una volta alla settimana tenere le dita in ammollo per dieci minuti in olio d'oliva. Questi rimedi sono utili per ammorbidire la parte rovinata e rendere meno vistosi i « danni da rosicchiamento ».

Eliminare la voglia di rosicchiare

Il modo più efficace consiste nel rendere sgradevole il sapore dell'unghia. In farmacia sono in vendita prodotti chimici, ma un buon metodo naturale consiste nell'applicare sulle dita un po' d'olio dell'albero del tè, puro o diluito con olio di mandorle dolci.

Rinforzare le unghie

Le unghie di chi soffre di onicofagia sono molto deboli e si spezzano facilmente. Per renderle più forti è necessario usare integratori alimentari a base di ferro, cisteina e cistina (sono in vendita in farmacia, in erboristeria e anche in alcuni supermercati).

SMILE

Sorridi!

Per avere un bel sorriso e una bocca sana e in ordine bastano pochi ma costanti accorgimenti. L'uso regolare di spazzolino, dentifricio, collutorio e filo interdentale riducono l'insorgenza della placca, che è la maggiore responsabile di carie e gengiviti (ossia dell'arrossamento e del sanguinamento delle gengive).

Queste importanti regole devono però essere affiancate e integrate da un controllo medico. Solo una diagnosi precoce da parte del dentista può infatti consentire di intervenire sui problemi in maniera tempestiva, arrestandoli al primo manifestarsi ed evitando così danni maggiori o addirittura irreversibili.

Talvolta però prevenzione e diagnosi precoce non bastano e si rendono necessari interventi terapeutici più importanti: è il caso delle malocclusioni. Questo termine, che letteralmente significa « cattiva chiusura », indica tutte quelle situazioni in cui si determina un errato posizionamento dei denti dell'arcata superiore rispetto a quelli dell'arcata inferiore (in altre parole, non soltanto i cosiddetti « denti storti » o « all'infuori », ma tutte le condizioni di irregolarità grave).

Le cause che determinano una malocclusione possono essere di carattere genetico, oppure derivare da patologie come riniti ricorrenti o croniche o ancora da cattive abitu-

dini, quali succhiare troppo a lungo il dito o il ciucciotto; più frequentemente, tali cause possono essere collegate l'una all'altra.

Queste patologie vengono affrontate da una branca dell'odontoiatria chiamata ortodonzia. Anche in questo caso è molto importante una diagnosi precoce: l'ortodonzista (cioè il medico specializzato in questo campo), dopo un accurato esame del problema, deciderà quale tipo di terapia adottare e a quale strumento ricorrere. L'apparecchio ortodontico (l'odiata e temuta macchinetta!) è lo strumento di lavoro con cui verranno effettuati gli allineamenti dentali e tutti gli accomodamenti del caso. Ne esistono modelli sia fissi sia mobili, la cui sfera di applicazione viene di volta in volta decisa dal medico in relazione allo specifico obiettivo della cura. Al termine di ogni trattamento ortodontico è richiesto l'uso di apparecchi di contenzione necessari per stabilizzare la correzione e consentire ai denti di restare nella giusta posizione.

Riassumendo: per avere un sorriso da star ci vogliono costanza, disciplina e fiducia nel proprio dentista.

A PASSEGGIO NEL TEMPO

Notizie e curiosità sulla bellezza

L'uso dei cosmetici è antichissimo e precede addirittura l'invenzione della ruota e dell'aratro. In ogni epoca e in ogni società donne e uomini hanno cercato di valorizzare il proprio aspetto.

Pare che i primi grandi esperti nell'arte della bellezza siano stati (ben quattromila anni fa!) i Sumeri. Questo popolo, che viveva in Asia Minore sulle rive del fiume Eufrate, dedicava grande attenzione alla cura del corpo e al trucco, in modo particolare a quello del viso. Secondo l'ideale estetico dell'epoca, il *make-up* doveva esprimere aggressività e, a questo scopo, uomini e donne sottolineavano il contorno degli occhi con una linea nera molto marcata e ridisegnavano l'intera arcata sopraccigliare. Il risultato, come si può facilmente intuire, era « forte », ma a quel tempo i diretti interessati si consideravano molto affascinanti.

Nell'antico Egitto l'incarnazione stessa della bellezza era Nefertiti, moglie del faraone Akhenaton (1348-1331 circa a.C.). La donna aveva un collo lunghissimo, sul viso affilato e nobile spiccavano due magnifici occhi a mandorla, le sopracciglia rasate e ridisegnate con il *khol* erano lunghe e sottili, mentre le labbra carnose erano colorate di rosso. Come tutti gli Egizi, Nefertiti era completamente rasata e portava in capo una corona azzurra che, secondo la moda dell'epoca, faceva apparire la « regale testa » più allungata.

Oltre al capo, gli Egizi depilavano l'intero corpo utilizzando creme, rasoi e pietra pomice. Non si trattava solo di una pratica estetica: le temperature calde e l'umidità favorivano la proliferazione di parassiti e batteri e la mancanza di cure adeguate rendeva tali « inconvenienti » pericolosi oltre misura. L'unica forma di protezione era quindi costituita da una pulizia accurata e costante.

Dal momento che cosmesi e bellezza erano strettamente collegate alla salute, tutti (uomini e donne, vecchi e bambini) seguivano le stesse cure quotidiane, a cui si aggiungevano l'abitudine del riposo durante le ore più calde e il bagno giornaliero.

L'ideale di bellezza degli antichi Greci era invece più sobrio e maggiormente legato a canoni atletici. Le donne non si truccavano, ma avevano un'enorme attenzione per la pelle e le chiome: in un'area geografica in cui le persone raramente avevano carnagione e capelli chiari, il desiderio di « distinguersi » era molto sentito. Le acconciature femminili erano assai curate, i capelli venivano intrecciati e fermati con un nastro sulla fronte o con una retina e, nelle grandi occasioni, si faceva uso di diademi.

Gli uomini greci che abitavano in città si facevano radere quotidianamente da un barbiere e si sottoponevano a bagni e massaggi. I trattamenti estetici del corpo venivano effettuati da schiavi appositamente istruiti da medici e sacerdoti, i cosiddetti « cosmetici ».

Nell'antica Roma donne e uomini impiegavano gran parte della giornata nella cura della persona. Anche qui, come in Grecia, decolorare i capelli era il più grande desiderio delle donne. Fra i tanti rimedi sembra che il più efficace fosse un impacco di grasso di capra e cenere di faggio. Inoltre, per mantenere bianca e morbida la pelle, le matrone si sottoponevano a speciali bagni, come quello con latte d'asina.

Ma non era solo il gentil sesso a ricorrere a trucchi di bellezza: gli uomini romani (letteralmente ossessionati dalla calvizie) facevano infatti largo uso di parrucche e chi non poteva permettersene una ricorreva a espedienti...

casalinghi. Il più usato consisteva nello spennellare la cute con un liquido scuro che creava l'illusione di una folta capigliatura. Ma c'era anche chi, invece di adottare questi rimedi, preferiva « fare tendenza », come ad esempio Giulio Cesare, il quale in pubblico portava sempre sul capo (quasi completamente calvo) la corona di alloro.

In Occidente, l'arrivo del Medioevo porta con sé rigore e sobrietà. Si vive in un clima di lotte e di intrighi, nel quale non c'è spazio per il divertimento o il lusso, e ancor meno per frivolezze estetiche. Le donne, di qualsiasi ceto sociale, vestono con abiti austeri e raccolgono i capelli in trecce che fissano al capo e spesso nascondono con acconciature di velo o tessuto. In Oriente, al contrario, la cosmesi continua a essere oggetto di attenzione, in particolare tra gli Arabi, che fino al tredicesimo secolo detengono il « monopolio della bellezza »; poi qualcosa comincia a modificarsi. Le cure estetiche, dopo il declino medievale, iniziano la loro risalita e si avviano, nel corso di due secoli, a diventare parte integrante della vita di uomini e donne.

Dal quindicesimo secolo imbellettarsi diventa praticamente un obbligo, anche perché si assiste a una regressione delle pratiche igieniche. Il bagno viene giudicato nocivo e la conseguenza è che l'uso di profumi e unguenti diventa... indispensabile.

Il diciassettesimo secolo coincide con una vera e propria « esplosione » della cosmesi: Parigi diviene il centro dell'eleganza e tutto ciò che vi accade fa tendenza. I capelli devono essere rigorosamente bianchi e, per raggiungere l'intento, gli uomini ricorrono a parrucche, mentre le donne cospargono chiome e posticci con una polvere d'amido. Tutti si truccano vistosamente spalmando sul viso uno spesso strato di biacca, poi con un pennello stendono un liquido rosso su guance, mento, naso, fronte e lobi delle orecchie. Le donne vivacizzano con questo sistema anche le spalle e con un pastello azzurro disegnano le vene delle tempie! Sono molto usati i nèi posticci, sia di raso sia di velluto.

Ma le cose stanno per cambiare: l'industrializzazione è vicina e il mutamento che porterà con sé si ripercuoterà in ogni campo.

A partire dall'Ottocento si assiste a un ritorno alla misura, ma soprattutto alla… pulizia! In questo clima rinnovato, uomini e donne guardano alla bellezza con semplicità, finalmente liberi dagli eccessi e dalle sovrastrutture del passato. La bellezza d'ora in poi sarà vista in termini di funzionalità (il *make-up* femminile diventerà più leggero e l'abitudine al trucco maschile scomparirà del tutto).

Oggi le mode si susseguono a ritmo serrato e ciò che era *à la page* ieri nel presente è già superato e dimenticato. Questo, se da una parte rischia di far cadere nel consumismo più ingiustificato, dall'altra consente di « interpretare » le tendenze e di modellarle in base alle proprie esigenze. Per concludere potremmo dire che, in un'epoca in cui la moda consente tutto e il contrario di tutto, ciascuno di noi può essere più liberamente se stesso.

BOX CURIOSITÀ

1

La parola «profumo», che ha origini latine e significa «fare fumo per propiziarsi gli dèi», nasce dalla pratica di bruciare incensi e oli aromatici a scopo rituale.

2

Il primo profumo messo in commercio fu l'*Aqua admirabilis* (ribattezzato più tardi Acqua di Colonia), un estratto di bergamotto prodotto dall'italiano Gian Paolo Feminis.

3

Il reggiseno senza spalline fu creato dalla statunitense M.P. Jacobs e risale al 1915. Per le donne, che fino allora avevano portato busti rigidi con stecche di balena e lacci, fu una vera conquista!

4

I Persiani furono i primi «profumieri» della storia. Attraverso la pratica della distillazione riuscirono infatti a estrarre dai fiori un' essenza che chiamarono «acqua di rose».

5

Mediamente una chioma rossa è formata da 90.000 capelli, una bruna o castana da 110.000 e una bionda da 150.000. Lo spessore di un capello varia dai 40 ai 140 millesimi di millimetro: in altre parole, ne occorrono circa 20 per fare un millimetro!

6

I jeans furono «inventati» nel 1870 da Davis e «perfezionati» nel 1872 da Lévi-Strauss. In origine si trattava di semplici e resistenti pantaloni da lavoro.

7

Il termine «blue jeans» deriva dalla storpiatura della parola «Genova». Infatti il tessuto con cui venivano realizzati veniva chiamato «blu di Genova» ed era importato dall'Italia.

8

Caterina de' Medici usava profumi e oli non solo per la propria persona, ma anche per impregnare gli oggetti di uso quotidiano.

9

Pare che Napoleone Bonaparte fosse un grande appassionato di profumi e portasse sempre con sé una bottiglietta di Acqua di Colonia nascosta nello stivale.

I Segreti della Bellezza

Intervista a Rosella Mioli
personal trainer

Questo libro è rivolto a un pubblico femminile di *teenagers*. Quale importanza riveste lo sport a questa età?

L'esercizio fisico è importante a ogni età e ancor più nell'adolescenza. Non va infatti dimenticato che l'attività sportiva favorisce il buon funzionamento dell'organismo prevenendo i rischi legati alla sedentarietà, aumentando il volume e la potenza muscolare, nutrendo e consolidando le ossa. Inoltre consente il mantenimento nel tempo della mobilità articolare, potenzia l'apparato cardiocircolatorio e quello respiratorio (con il risultato di una maggiore ossigenazione dei tessuti), velocizza i riflessi e affina la coordinazione muscolare.

Lo sport interferisce positivamente anche a livello psicologico e sociale?

Certamente sì! Produce notevoli benefici stimolando lo spirito di iniziativa, il coraggio, la perseveranza, la sicurezza, la conoscenza dei propri limiti e l'autocontrollo. Sul piano della vita di relazione, poi, una persona in buona forma fisica si sente maggiormente a proprio agio nei rapporti sociali e affettivi e ha un migliore impatto nella scuola e negli ambienti che frequenta.

È vero che facendo ogni giorno semplici esercizi (naturalmente con costanza e impegno) si possono ottenere in breve tempo ottimi risultati?

In assoluta sincerità devo dire che i tempi non sono brevissimi. In nessuna disciplina « presto e bene vanno insieme » e meno che mai nelle attività ginnico-sportive. Ma con pazienza e costanza si può migliorare la tonicità di muscoli importanti come i dorsali, i pettorali e gli addominali, ottenendo un miglioramento della postura.

Quali sono i « difetti » più facili da contrastare con una appropriata ginnastica?

Le spalle curve, la pancetta prominente, il torace stretto e i rilassamenti muscolari. Inoltre, più in generale, lo svolgimento di un'attività sportiva dona a chi la pratica una muscolatura armoniosa e scattante, una postura eretta e previene gli eccessi di peso mal distribuito. Per finire, l'attività fisica, unitamente a un corretto stile di vita, può aiutare a prevenire l'insorgere della cellulite.

Su quali « difetti », invece, non si può intervenire?

Questo è un punto molto importante da chiarire perché

troppo spesso riviste pseudo-mediche promettono rimedi « miracolosi » per problemi che né l'esercizio fisico né le diete possono risolvere (ad esempio i difetti di costituzione). Nessun esercizio può elevare la statura o raddrizzare le gambe storte, né tanto meno aumentare un seno piccolo o diminuirne uno un po' troppo forte. Talvolta l'unico possibile intervento è quello specialistico: mi riferisco ai casi di scoliosi, cifosi, lordosi, piedi piatti, valgismo, varismo e altri. In queste eventualità l'attività sportiva deve essere controllata da uno specialista, in quanto potrebbe rivelarsi non solo inutile, ma addirittura dannosa.

In quali altri casi l'esercizio fisico è dannoso?

Ci sono almeno sei casi in cui lo sport da alleato diventa un temibile nemico:

- quando chi lo pratica è affetto da patologie gravi o perlomeno importanti;
- quando, specialmente nel *body building*, si eccede nei carichi e si cerca di sollevare o spostare pesi inadeguati al proprio livello di allenamento e di preparazione atletica, alla propria corporatura e/o alla propria età;
- quando si eccede nel protrarre lo sforzo oltre i limiti dell'affaticamento;
- quando, per migliorare le proprie prestazioni, si fa ricorso a sostanze proibite *(doping)* o a integratori non naturali;
- quando lo sport è vissuto con sfrenato agonismo sia da chi lo pratica sia da chi assiste alle prestazioni (genitori e/o *trainer*);
- quando, in età giovanile, l'attività sportiva diventa esasperata ricerca del risultato.

L'esercizio fisico può davvero regalarci un corpo da *pin-up* oppure consente solo di sviluppare al meglio le nostre potenzialità individuali?

In una società dell'immagine, come quella in cui viviamo, è meglio non creare false illusioni: molto dipende da madre natura. Tuttavia l'esercizio fisico costante può aiutare a rendere gradevole anche una persona non particolarmente dotata, conferendole armonia e sicurezza. Inoltre, elemento non secondario, l'esercizio fisico fatto per divertimento e senza sforzo eccessivo fa sentire le persone soddisfatte di sé e regala un buon umore che le rende più belle e disinvolte. In conclusione, se è vero che lo sport non può cambiare radicalmente la nostra immagine, può tuttavia aumentare la nostra sicurezza e quindi il nostro fascino.

Quale tipo di attività consiglia alle ragazze che vogliono sentirsi in forma?

Il nuoto è senza dubbio lo sport più completo e, salvo gravi patologie, il solo che non presenti controindicazioni. Questa disciplina coinvolge tutti i muscoli, migliora l'articolazione, giova alla funzione cardiocircolatoria e respiratoria e fa bruciare molte calorie. Per le giovanissime è anche adatta la ginnastica ritmica, che non solo mantiene in forma, ma, essendo uno sport molto femminile, conferisce grazia ed eleganza.

Per chi invece preferisce le attività all'aperto l'ideale è il *footing*. Correre regolarmente fa bene alla salute, abbassa la quantità di zuccheri nel sangue, aiuta la circolazione, fa perdere peso, tonifica la muscolatura e... mette allegria, specialmente se si corre in compagnia! Basket e altri sport di squadra sono consigliabili per chi ha un carattere schivo e solitario o per chi è troppo egocentrico e poco altruista: in tutti questi casi il gioco è importante a livello psicologico, perché aiuta a sviluppare lo spirito di collaborazione.

La scelta della palestra e/o del *trainer* è rilevante?

Fondamentale! Purtroppo ci sono troppi *trainers* improvvisati, con scarsa preparazione atletica, ma soprattutto scientifica: la palestra in cui ci si può iscrivere senza presentare il certificato medico non deve neppure essere presa in considerazione!

Quindi è sempre meglio consultare il medico?

Anche per praticare attività sportive non agonistiche è consigliabile una visita medica seria, affiancata da indagini di base quali elettrocardiogramma a riposo, analisi del sangue e delle urine. Gli esami che ho elencato non sono obbligatori: la legge prevede un generico certificato medico, ma un approfondimento dello stato di salute è sempre opportuno, ancor più se l'attività svolta è di tipo agonistico. In questo caso la visita dovrà comprendere anche spirometria, elettrocardiogramma da sforzo e dopo sforzo.

E adesso parliamo di alimentazione...

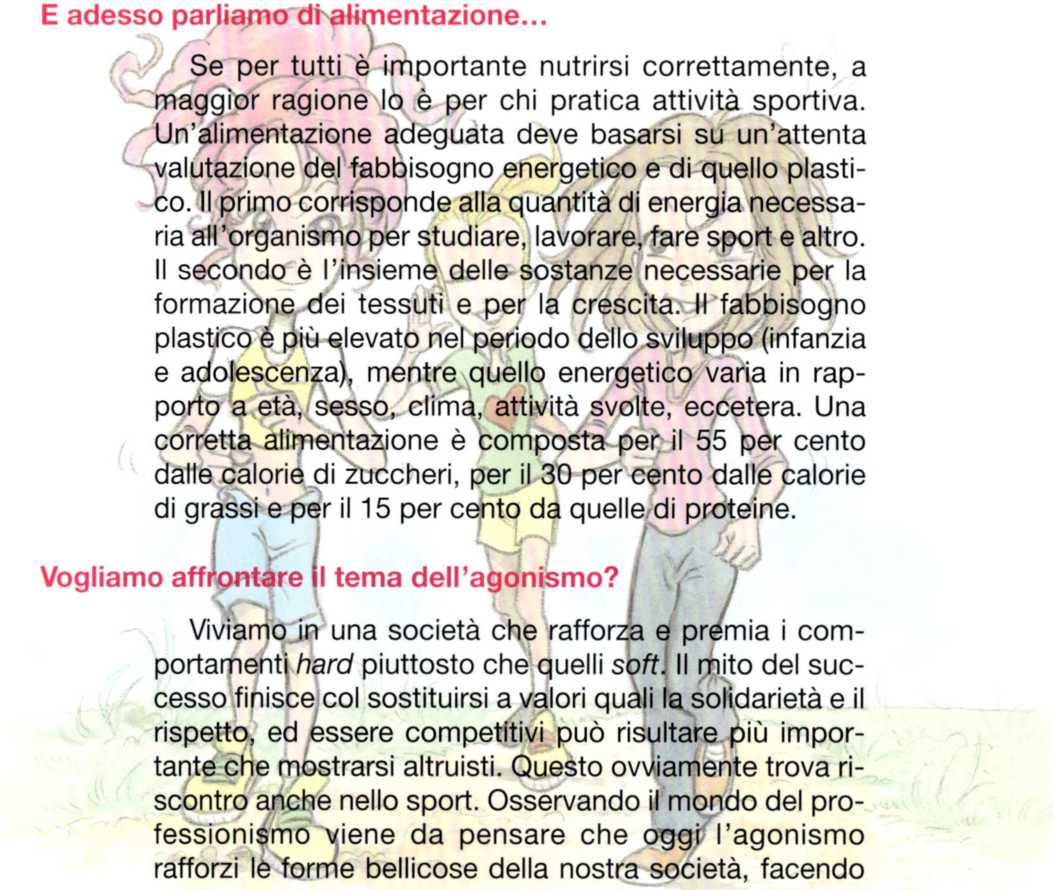

Se per tutti è importante nutrirsi correttamente, a maggior ragione lo è per chi pratica attività sportiva. Un'alimentazione adeguata deve basarsi su un'attenta valutazione del fabbisogno energetico e di quello plastico. Il primo corrisponde alla quantità di energia necessaria all'organismo per studiare, lavorare, fare sport e altro. Il secondo è l'insieme delle sostanze necessarie per la formazione dei tessuti e per la crescita. Il fabbisogno plastico è più elevato nel periodo dello sviluppo (infanzia e adolescenza), mentre quello energetico varia in rapporto a età, sesso, clima, attività svolte, eccetera. Una corretta alimentazione è composta per il 55 per cento dalle calorie di zuccheri, per il 30 per cento dalle calorie di grassi e per il 15 per cento da quelle di proteine.

Vogliamo affrontare il tema dell'agonismo?

Viviamo in una società che rafforza e premia i comportamenti *hard* piuttosto che quelli *soft*. Il mito del successo finisce col sostituirsi a valori quali la solidarietà e il rispetto, ed essere competitivi può risultare più importante che mostrarsi altruisti. Questo ovviamente trova riscontro anche nello sport. Osservando il mondo del professionismo viene da pensare che oggi l'agonismo rafforzi le forme bellicose della nostra società, facendo venir meno la teoria catartica secondo cui la pratica dello sport e lo spettacolo sportivo consentirebbero lo sfogo di emozioni (aggressività) spostandole su attività consentite e scaricando così la pericolosità sociale.

Forme bellicose... teoria catartica... pericolosità sociale... Può spiegarsi meglio?

Lo sport è, o per lo meno dovrebbe essere, una valvola di sfogo in grado di consentire a chi lo pratica di scaricare tensioni e aggressività (teoria catartica) convogliandole in attività positive, eliminando o, meglio, riducendo in questo modo i rischi di tensioni all'interno della società (pericolosità sociale). Oggi, purtroppo, si assiste a un atteggiamento contrario: l'attività sportiva finisce col rappresentare sempre più una manifestazione di aggressività e violenza fine a se stessa (forme bellicose).

È molto importante, quindi, che i giovanissimi vengano indirizzati dai genitori e dagli allenatori sportivi verso un agonismo sano, lontano dalla violenza. Il vero e solo significato dello sport è quello di sfida con se stessi. Una sfida che può esprimersi nei confronti del tempo, della distanza, di un attrezzo ginnico o anche di un altro concorrente, ma che comunque deve rappresentare un elemento di crescita personale.

Per finire: conosce qualche sport femminile particolare o curioso?

Le stravaganze sportive sono decisamente molte, basta sfogliare una qualsiasi edizione del *Guinness dei primati* per rendersene conto. Non tutte sono praticabili o consigliabili; tuttavia, se devo citare la più divertente, mi viene in mente la specialità in cui primeggia la statunitense Lori Adams. La signora, infatti, è specialista nel... lancio del mattarello! Nel corso dell'annuale fiera dello Stato dell'Iowa si tengono i campionati di questa singolare specialità e la Adams è la titolare in carica. Il suo personale primato consiste nel lancio di un mattarello di legno del peso di un chilo alla distanza di cinquantatré metri.

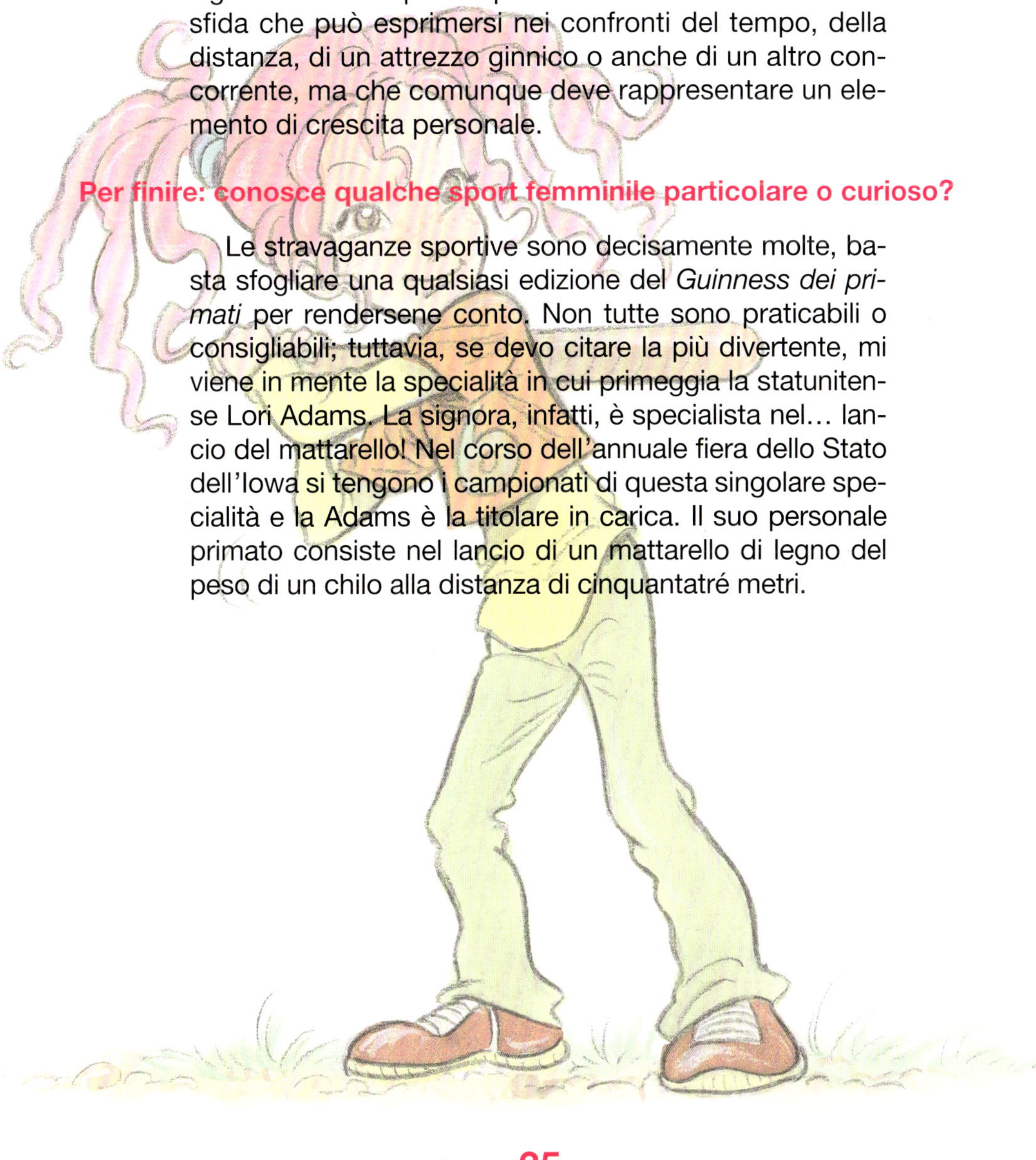

TABELLA ALIMENTAZIONE

Fare un'abbondante prima colazione preferendo alimenti come latte, caffè d'orzo, fette biscottate, pane integrale, burro, marmellata, miele, succhi di frutta, frutta fresca, cereali, yogurt.

Evitare di assumere cibo fuori pasto (soprattutto dolci), a meno che non si tratti di frutta.

Sì ai cibi digeribili come frutta, verdura, cereali, legumi, pesce e carne bianca. No a fritti, salse, sughi e cibi elaborati.

Bere molta acqua, ma lontano dai pasti.

Sgranocchiare verdure crude o qualche buona mela per assumere vitamine e liquidi, ma anche per tonificare le gengive e « pulire » i denti.

Iniziare a svolgere attività fisica almeno due-tre ore dopo la fine del pranzo. Altrimenti la digestione viene enormemente rallentata, perché il sangue necessario è convogliato verso i muscoli sotto sforzo.

Bere acqua o succhi di frutta dopo ogni allenamento per integrare la perdita di liquidi e di sali minerali.

RIMEDI ALTERNATIVI
EHI! MA COSA STAI FACENDO?
HO APPENA SEGUITO UN SEMINARIO SU RIMEDI ALTERNATIVI E CURE NATURALI...
BEH, NON CI CREDERAI, MA HO SCOPERTO CHE IL **CONTORSIONISMO** È UNA DISCIPLINA ANTICHISSIMA CHE...
...AIUTA A RITROVARE L'ARMONIA, LA CONCENTRAZIONE, FAVORISCE IL RILASSAMENTO, BLA, BLA, BLA...
MA PER QUANTO TEMPO DOVRAI RESTARE IN QUELLA POSIZIONE?
FINCHÉ NON ARRIVERANNO I **POMPIERI** A SCIOGLIERMI!!
STRIP

Test
Supersprintosa o pantofolaia?

Hai l'argento vivo addosso o sei una pigrona? Rispondi alle domande del test e, seguendo il percorso indicato dalle frecce, lo scoprirai.

Quando hai del tempo libero…
a) Vai in palestra
b) Vai a fare *footing* con le amiche
c) Ascolti la radio o guardi la TV

Devi fare un acquisto, ma il negozio vicino a casa, dove ti servi abitualmente, è chiuso. Che cosa fai?
a) Vai in un altro negozio
b) Aspetti che riapra

Mamma e papà ti regalano un viaggio di studio negli Stati Uniti. Tu:
a) Sei al settimo cielo
b) Pensi ai disagi di un lungo viaggio

Se fossi il personaggio di una fiaba, saresti:
a) Campanellino
b) La Bella Addormentata

È meglio mantenersi in forma con…
a) Il movimento e l'esercizio fisico
b) La dieta

Il modo migliore per scaricarsi è:
a) Fare sport
b) Farsi un bel pianto

In quale animale ti identifichi di più?
a) Cane
b) Gatto

SPRINTOSA
Il tuo motto potrebbe essere «mente sana in corpo sano». Non riesci a stare ferma un solo istante: sprizzi energia da tutti i pori e quasi certamente passi un bel po' di tempo in palestra o all'aria aperta. Un consiglio? Attenta a non diventare un… maschiaccio!

EFFERVESCENTE, MA… NON TROPPO!
Sei una ragazza dinamica, ma solo se… non ti costa troppo. Non sei il tipo che svolgerebbe attività sportive a livello agonistico né che si alzerebbe «all'alba» per fare una bella corsa prima di andare a scuola. Forse ti manca un po' di entusiasmo.

PANTOFOLAIA
Relax + relax: questa è la tua ricetta per vivere serena. Letto, divano e poltrona rappresentano i tuoi attrezzi ginnici preferiti e il cambio di canale con il telecomando è il massimo sforzo fisico che ti concedi. Muoviti! O metterai radici come gli alberi!

IL CORPO CHE CAMBIA

2

L'importanza di quella delicata fase della vita umana chiamata adolescenza è nota fin dall'antichità. Non c'è popolazione al mondo che non conosca cerimonie di iniziazione o, più propriamente, «riti di passaggio». Si tratta di celebrazioni più o meno complesse attraverso le quali i giovani in età puberale divengono adulti a tutti gli effetti.

I riti di iniziazione si riferiscono però quasi esclusivamente agli appartenenti al sesso maschile. Per le donne, il passaggio all'età adulta è, per così dire, naturale e coincide con il menarca (la prima mestruazione). Benché in alcune zone dell'Africa, nel Nepal e in Centro e Sud America tali pratiche sopravvivano, oggi, nei Paesi cosiddetti «civilizzati», l'adolescenza ha perso la sua connotazione sociale e si è ridotta a una sorta di breve fase negativa nella quale i teenagers *sviluppano un'opposizione contro tutto e tutti.*

A questa età, genitori e figli hanno spesso grandi difficoltà a comunicare: gli adolescenti diventano indipendenti e, nel loro percorso verso l'età adulta, mettono frequentemente in discussione i valori che sono stati loro trasmessi fino a quel momento. La reazione sociale a questa «battaglia» è l'attesa. Genitori ed educatori si limitano a pazientare, aspettando che la tempesta si plachi.

Ma il concetto chiave per comprendere a fondo questo complesso fenomeno chiamato adolescenza è cambiamento. *Il corpo, i sentimenti, le emozioni e i parametri di giudizio dei* teenagers *si modificano di continuo, e sono proprio tali mutamenti, alcune volte repentini, altre volte più lenti fino ad apparire impercettibili, a tracciare il cammino che dalla fanciullezza porta alla maturità, e pertanto non vanno né sottovalutati né ignorati.*

Il percorso che conduce all'età adulta non è né facile né indolore; al contrario, la strada della crescita richiede molte energie e, soprattutto, una presenza costante e rassicurante da parte degli adulti al fine di evitare che problemi e incertezze vengano amplificati o complicati da fattori esterni (ambientali, culturali, scolastici, di gruppo, ecc.).

Ma se, come dicevamo poc'anzi, la parola chiave dell'adolescenza è cambiamento, *quella caratterizzante i rapporti familiari deve necessariamente essere* comunicazione*! La maggior parte dei problemi tra genitori e figli è costituita proprio dalla mancanza di dialogo, mentre in questa difficile fase ragazzi e ragazze hanno bisogno di un rapporto forte e corretto con la famiglia e di ricevere informazioni complete e adeguate. Il nostro contributo è contenuto nelle pagine che seguono.*

Che cos'è l'adolescenza

Intervista a Vittoria Della Porta
psicologa

Vogliamo entrare subito in argomento e parlare di adolescenza?

Ogni periodo della vita umana è costituito da una somma di esperienze provenienti da momenti diversi. Solo esaminando le caratteristiche della crescita nel suo insieme si può comprendere pienamente che cosa sia l'adolescenza.

Qual è la prima tappa da prendere in esame?

I dieci anni costituiscono un momento di grande importanza nello sviluppo. Arrivati a questa età, i bambini, sia maschi sia femmine, fanno un bilancio delle esperienze e degli insegnamenti precedenti e sviluppano un forte senso critico. Specialmente nelle femmine, i dieci anni generano forti contrasti: le ragazze si rendono improvvisamente conto che il loro corpo e la loro vita stanno cambiando. Non sono più bambine, ma non sono neppure completamente adulte.

Questa scoperta che cosa comporta?

Una forte conflittualità: il desiderio di fare esperienze autonome e di emanciparsi dal passato si contrappone a paure e angosce. La bambina di dieci anni sente il forte bisogno di crescere, ma teme di fare un « salto nel buio » e perdere così le certezze che avevano caratterizzato l'infanzia.

In quale modo questa fase può influenzare la vita adulta?

Se questo periodo non viene vissuto serenamente, grazie all'intervento di genitori ed educatori, può condizionare pesantemente il futuro. Proprio attorno ai dieci anni, infatti, si affaccia nella psiche umana la cosiddetta « sindrome di Peter Pan », cioè quell'atteggiamento di paura di crescere che si traduce nella voglia di non crescere. La « sindrome di Peter Pan » è un passaggio obbligato nel percorso dello sviluppo interiore, ma costituisce un problema se permane in età adulta, perché impedisce di prendere decisioni o assumere responsabilità importanti.

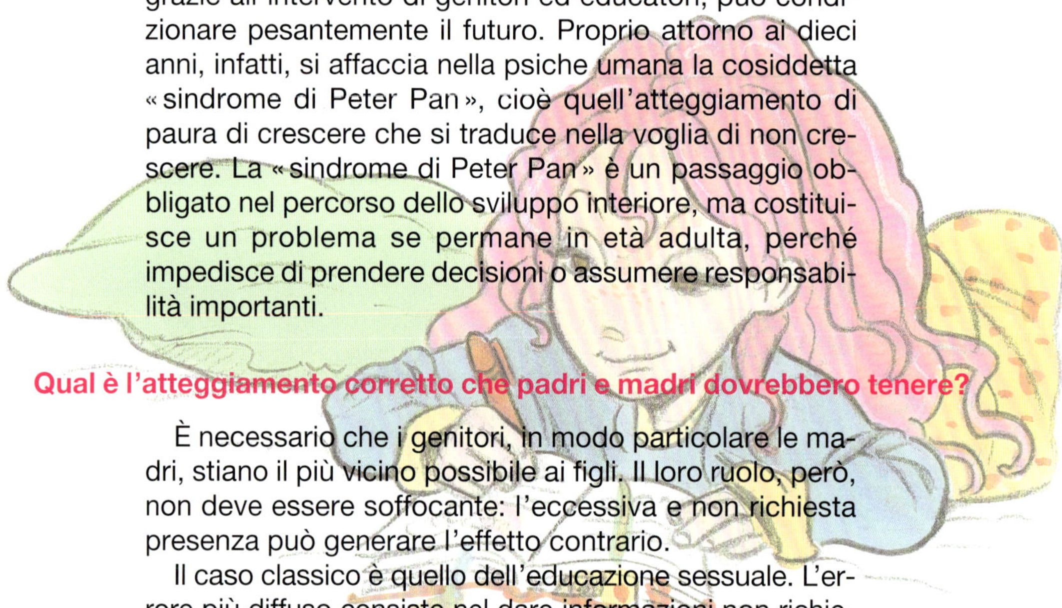

Qual è l'atteggiamento corretto che padri e madri dovrebbero tenere?

È necessario che i genitori, in modo particolare le madri, stiano il più vicino possibile ai figli. Il loro ruolo, però, non deve essere soffocante: l'eccessiva e non richiesta presenza può generare l'effetto contrario.

Il caso classico è quello dell'educazione sessuale. L'errore più diffuso consiste nel dare informazioni non richieste. I genitori devono mantenere il ruolo di osservatori per capire qual è il momento giusto per trattare certi argomenti, altrimenti si rischia di provocare un netto rifiuto. Recentemente mi è capitato il caso di un piccolo al quale la madre aveva parlato di come nascono i bambini. Evidentemente lei non aveva compreso che il figlio non era ancora pronto per spiegazioni di quel genere. La conseguenza è stata una totale chiusura da parte del piccolo, il quale ha ribattuto: « Non raccontarmi storie! Io vengo dal cielo! ». Ogni individuo ha ritmi ed esigenze diverse: è quindi necessario aspettare che siano i bambini a porre domande. Inoltre è buona norma affrontare qualsiasi tema con serenità e semplicità per non correre il rischio che le informazioni vengano recepite in modo distorto.

Lei ha detto che, nel rapporto genitori/figli, il ruolo della madre riveste un'importanza fondamentale. In che senso?

A dieci anni le ragazze hanno un enorme bisogno di risposte, perché sentono l'insopprimibile necessità di fugare i dubbi e di esorcizzare le paure. La figura materna è sufficientemente rassicurante da poter soddisfare queste esigenze. Purtroppo sempre più spesso i figli vengono « parcheggiati » presso nonni o tate che, salvo rare eccezioni, non sono adeguati al ruolo. Se non riesce a costruire un rapporto solido con una madre/amica/consigliera, la ragazza finisce col rivolgersi alle amiche che, in quanto coetanee, non sono in grado di fornire risposte, con il risultato di creare nuove paure o amplificare quelle preesistenti. Ecco perché il rapporto con la madre è così importante.

In che modo il mondo esterno può influenzare le decenni e condizionarne la crescita?

In molti modi. Uno dei più vistosi e dannosi è la dilagante esaltazione del corpo e della sessualità, che si concretizza nelle immagini che tutti conosciamo: modelle, *pin-up*, attori, calciatori, uomini ricchi e potenti. Cinema, TV e rotocalchi ci « regalano » quotidianamente queste immagini e la conseguenza è che molte persone (non necessariamente ragazze, ma anche adolescenti o donne adulte) finiscono con l'assorbire questi input, quasi fossero veri e propri insegnamenti di vita.

Tutto questo come si manifesta?

Contrariamente a quello che si potrebbe pensare, l'esaltazione del corpo non si concretizza (almeno non sempre e non esclusivamente) in atteggiamenti di tipo sessuale, quali la voglia di apparire più grandi o di sembrare donne pur non essendolo. Più spesso si traduce nella ricerca di un look griffato, nell'abito o nell'accessorio all'ultima moda, nell'attenzione esagerata per tutto ciò che fa tendenza.

E arriviamo agli undici anni...

A questa età c'è un ulteriore arricchimento sul piano intellettivo che porta a captare e amplificare gli stimoli esterni, ma nello stesso tempo il corpo comincia a dare segnali ancora più forti di crescita e cambiamento, e questo produce irrequietezza. Ora più che mai la ragazza cerca di sottrarsi all'influenza della madre: nascono situazioni di disubbidienza, contrasti e conflitti. Si assiste a un calo dell'autocritica e a una grande difficoltà nel controllo delle emozioni (è il cosiddetto periodo della « lacrimuccia facile »). Per i genitori, per le madri in particolare, valgono i suggerimenti dati in precedenza.

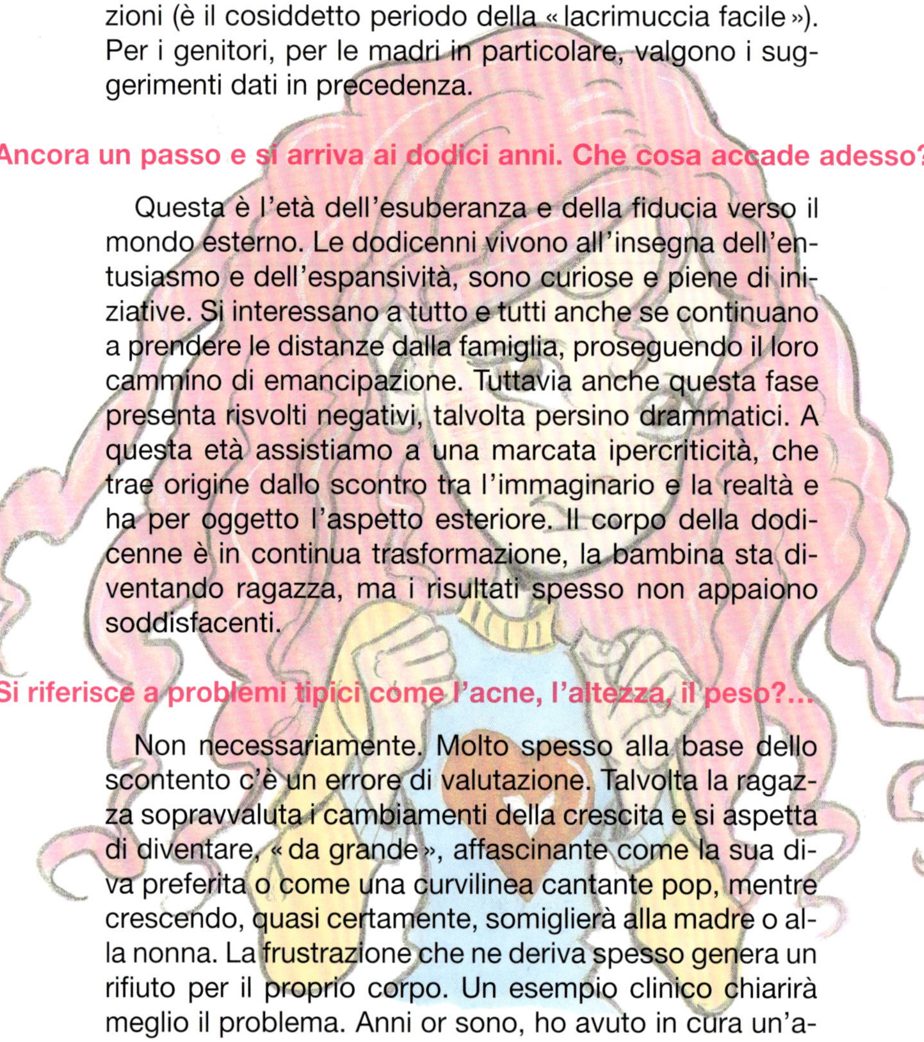

Ancora un passo e si arriva ai dodici anni. Che cosa accade adesso?

Questa è l'età dell'esuberanza e della fiducia verso il mondo esterno. Le dodicenni vivono all'insegna dell'entusiasmo e dell'espansività, sono curiose e piene di iniziative. Si interessano a tutto e tutti anche se continuano a prendere le distanze dalla famiglia, proseguendo il loro cammino di emancipazione. Tuttavia anche questa fase presenta risvolti negativi, talvolta persino drammatici. A questa età assistiamo a una marcata ipercriticità, che trae origine dallo scontro tra l'immaginario e la realtà e ha per oggetto l'aspetto esteriore. Il corpo della dodicenne è in continua trasformazione, la bambina sta diventando ragazza, ma i risultati spesso non appaiono soddisfacenti.

Si riferisce a problemi tipici come l'acne, l'altezza, il peso?...

Non necessariamente. Molto spesso alla base dello scontento c'è un errore di valutazione. Talvolta la ragazza sopravvaluta i cambiamenti della crescita e si aspetta di diventare, « da grande », affascinante come la sua diva preferita o come una curvilinea cantante pop, mentre crescendo, quasi certamente, somiglierà alla madre o alla nonna. La frustrazione che ne deriva spesso genera un rifiuto per il proprio corpo. Un esempio clinico chiarirà meglio il problema. Anni or sono, ho avuto in cura un'adolescente veramente molto graziosa che, al contrario, credeva di essere bruttissima. Quando le ho fatto notare la cosa, lei ha sollevato la gonna e mi ha mostrato delle gambe lunghe e perfette dicendo: « Guarda, sono piena di cellulite! ». Ovviamente non era così, ma la ragazza non era contenta del suo aspetto, si sentiva brutta e di conseguenza si vedeva tale.

E siamo ai tredici anni. È una fase più facile da vivere rispetto alle precedenti?

Dipende dai punti di vista. È un'età molto complessa, nella quale le ragazze tendono all'introversione, ed è caratterizzata da un'affettività proiettata verso la malinconia. Permane il senso di ansia da cambiamento, ma c'è anche una maggiore fiducia verso il futuro. Nelle tredicenni c'è maggiore consapevolezza e positività. A questa età si sviluppa una capacità di riflessione molto maggiore e anche la reattività agli stimoli e più controllata. I tredici anni rappresentano una fase di regressione e riflessione, in un certo senso è come se in questo momento le ragazze (ma anche i maschietti) raccogliessero tutte le forze per il salto di qualità rappresentato dai quattordici anni.

Che cosa intende per « salto di qualità »?

Dopo la pausa di riflessione dei tredici anni, assistiamo al riemergere di energie e dinamismo. La voglia di nuove esperienze esplode prepotentemente e si traduce in una forte risposta agli stimoli ambientali. Il cambiamento rispetto alle fasi precedenti è molto forte: la timidezza, le inquietudini e la ricerca esasperata di un look che renda uniche, ma al tempo stesso uniformi alla massa delle coetanee, lasciano il posto a una ritrovata espressività e a una maggiore distensione.

Anche nel rapporto con i familiari le cose cambiano?

Certamente. Molto spesso i genitori, parlando delle figlie quattordicenni, affermano: « È una persona nuova ». Ovviamente i livelli e le modalità variano da soggetto a soggetto, ma in ogni caso si assiste a una modifica sostanziale dei rapporti con i genitori e, più in generale, con la famiglia. La quattordicenne è una ragazza più matura, ma soprattutto più serena. Non ha paura di parlare di famiglia o di rapportarsi ad essa; al contrario, inizia a sentire il nucleo familiare come un'istituzione della quale è parte integrante. Persiste una certa ipercriticità nei confronti dei genitori, ma l'atteggiamento è più rilassato e i dissapori sono meno mar-

cati e persistenti. I rapporti genitori/figlia, in questo periodo, sono basati sul mutuo rispetto, sulla comprensione e su una certa complicità. La ragazza riesce anche a ridere di sé e ha rapporti sereni con i fratelli, specialmente se più giovani.

Le ragazze di quattordici anni nutrono un vivissimo interesse per le amiche e passano ore interminabili al telefono. Che significato ha questo comportamento?

Definirei questo atteggiamento come una sorta di psicologia sociale. Il parlare con le coetanee è un metodo di esplorazione della personalità umana. Indagare nell'animo dell'amica del cuore o delle compagne di classe è un modo per analizzare i propri tratti psicologici attraverso quelli delle altre persone. Si tratta di una fase molto importante, perché il raffronto con le amiche contribuirà ad apportare concreti miglioramenti nella formazione della propria personalità. È quindi molto significativa la scelta delle persone: le amiche diventano una sorta di modello di riferimento e possono influenzare anche negativamente l'adolescente. Per questo, un « controllo » discreto e silenzioso da parte dei genitori è, ora più che mai, non solo opportuno, ma anche veramente necessario. Vorrei chiudere citando una frase di Albert Schweitzer: « Se tutti noi dovessimo diventare quello che eravamo a quattordici anni, che cosa diversa sarebbe il mondo! »

DIVENTARE DONNE

Intervista a Luana Vantadori
ginecologa

Come avviene la trasformazione che dall'infanzia porta all'età adulta?

Tra i nove e i dieci anni ha inizio un processo di crescita e sviluppo che culminerà con la prima mestruazione. Lentamente, giorno dopo giorno, la struttura fisica della bambina cambia fino a lasciare il posto a un corpo da giovane donna. Le tappe attraverso cui si realizza questo mutamento sono: telarca (sviluppo della ghiandola mammaria, in altre parole la comparsa del seno); pubarca (comparsa dei peli sul pube); adrenarca (comparsa dei peli sotto le ascelle); menarca (prima manifestazione delle mestruazioni).

Più specificamente, che cosa avviene nel corpo femminile nella fascia di età compresa tra i dodici e i quattordici anni?

Alle fasi appena citate si aggiungono altri due importanti fattori: l'arrotondamento delle forme e l'aumento di statura. L'accumulo di grasso corporeo (l'arrotondamento) favorisce la trasformazione degli ormoni in estrogeni attivi (detti anche « femminilizzanti »). In questa fascia di età è quindi molto importante curare l'alimentazione. Non sto parlando di diete, ma di nutrizione equilibrata, la cui importanza nello sviluppo sessuale è facilmente comprensibile osservando l'abbassamento dell'età del menarca. Nel nostro Paese, fino alla seconda metà del Novecento, la comparsa della prima mestruazione era molto più tardiva. Il processo economico che ha trasformato l'Italia da realtà agricola a potenza industrializzata ha generato anche miglioramenti sul piano dell'alimentazione, con il conseguente abbassamento dell'età fertile.

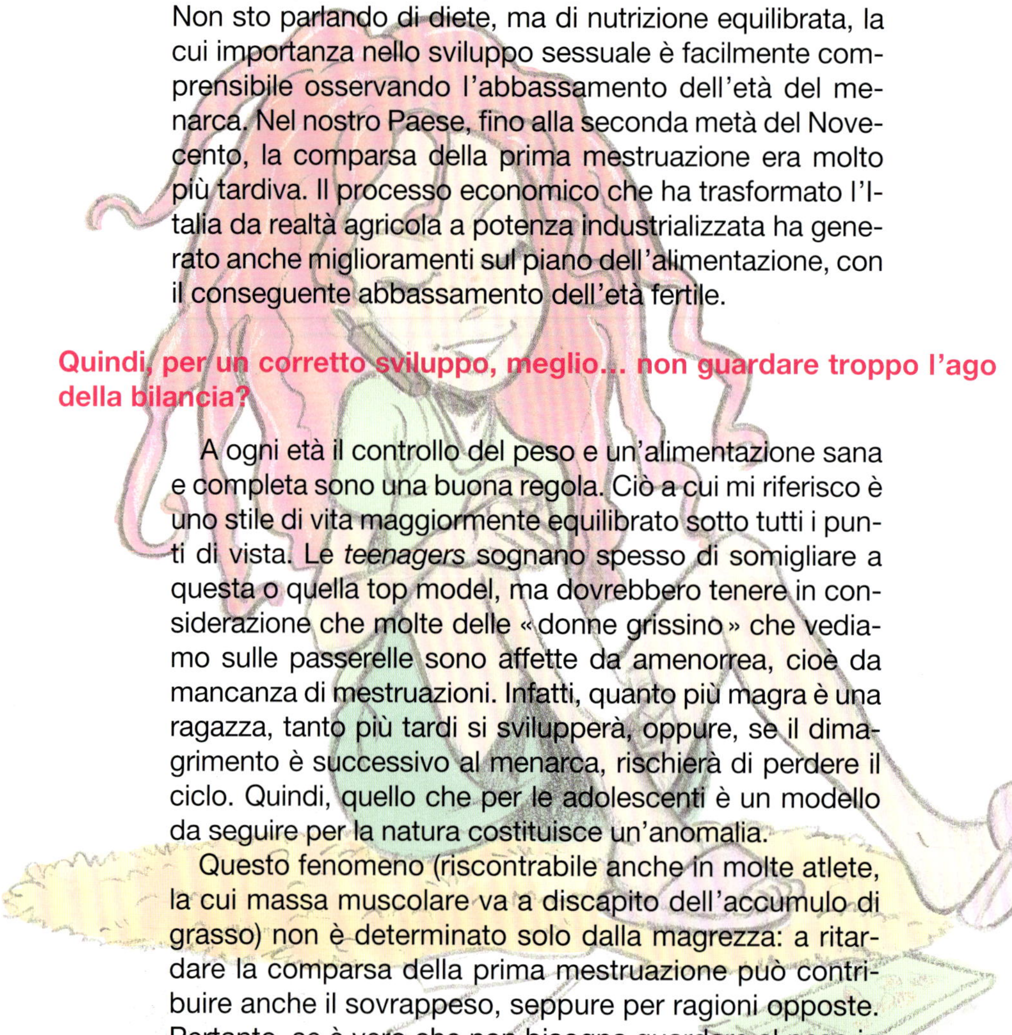

Quindi, per un corretto sviluppo, meglio… non guardare troppo l'ago della bilancia?

A ogni età il controllo del peso e un'alimentazione sana e completa sono una buona regola. Ciò a cui mi riferisco è uno stile di vita maggiormente equilibrato sotto tutti i punti di vista. Le *teenagers* sognano spesso di somigliare a questa o quella top model, ma dovrebbero tenere in considerazione che molte delle « donne grissino » che vediamo sulle passerelle sono affette da amenorrea, cioè da mancanza di mestruazioni. Infatti, quanto più magra è una ragazza, tanto più tardi si svilupperà, oppure, se il dimagrimento è successivo al menarca, rischierà di perdere il ciclo. Quindi, quello che per le adolescenti è un modello da seguire per la natura costituisce un'anomalia.

Questo fenomeno (riscontrabile anche in molte atlete, la cui massa muscolare va a discapito dell'accumulo di grasso) non è determinato solo dalla magrezza: a ritardare la comparsa della prima mestruazione può contribuire anche il sovrappeso, seppure per ragioni opposte. Pertanto, se è vero che non bisogna guardare al peso in maniera ossessiva, è altrettanto vero che, se ci sono reali problemi, è buona norma rivolgersi a un esperto. Mai e poi mai applicare metodi fai-da-te o, peggio, ascoltare i suggerimenti dell'amica o della vicina di casa.

Come reagiscono le adolescenti ai cambiamenti del corpo?

Ci sono due tipi di risposta da parte delle ragazze: alcune vivono questa fase di crescita in maniera gioiosa perché si sentono orgogliose di diventare donne, altre provano un senso di imbarazzo e di inadeguatezza. Le prime quasi sempre indossano jeans o magliette molto aderenti, iniziano a truccarsi e hanno una postura eretta e fiera; le seconde, che scherzosamente chiamo ragazze-burka, hanno la tendenza a coprirsi con maglioni o felpe enormi e informi.

Da che cosa deriva questa diversità di atteggiamento?

In gran parte dall'educazione e dai modelli familiari. Se la madre ha vissuto a suo tempo questo passaggio in maniera negativa, trasmetterà il messaggio alla figlia, non necessariamente in modo palese, anche indirettamente. Faccio un esempio: una madre che per tutta la vita ha avuto mestruazioni dolorose, magari drammatizzando un po', avrà, suo malgrado, condizionato la figlia, che vivrà con ansia l'attesa, aspettandosi appunto di soffrire a sua volta. Un messaggio negativo può inoltre essere trasmesso per semplice ignoranza, cioè scarsa conoscenza della materia ».

All'interno della famiglia chi è « delegato » a parlare di educazione sessuale?

Solitamente la madre. Per pudore, complicità o tradizioni culturali, è lei ad affrontare l'argomento con le figlie, che nel corso del tempo troveranno un sostegno familiare nelle altre grandi figure femminili: sorelle maggiori, nonne, zie.

Complessivamente le ragazze sono preparate o impreparate ad affrontare « il grande salto » che porta all'età adulta?

Ribadisco: dipende molto dall'educazione ricevuta e dalla serenità con la quale la famiglia affronta questo momento. Le ansie della crescita non riguardano solo le ragazze, ma anche la famiglia nel suo insieme. Per una madre non è sempre facile rassegnarsi all'idea di « perdere la propria bambina » e di doversi improvvisamente confrontare con un'adulta, magari polemica e ipercritica. Comunque, al di là delle

problematiche educative, nelle adolescenti c'è una diffusa tendenza alla ricerca di anonimato. Il desiderio di una ragazza di questa età è non sentirsi diversa: l'improvvisa formosità, l'aumento talvolta notevole di statura, gli sguardi interessati dei maschietti la mettono a disagio.

C'è conoscenza e coscienza del proprio corpo da parte delle adolescenti?

Per lo più le ragazze si sentono spettatrici dei cambiamenti che avvengono nel loro corpo e hanno difficoltà a capacitarsene. Nelle femmine c'è maggiore informazione su quello che sta per avvenire, ma scarsa o nulla conoscenza del corpo, mentre tra i maschietti, per ovvie ragioni anatomiche, c'è un'immediata percezione della propria fisicità, ma manca quasi del tutto l'informazione da parte delle famiglie. È importante che le due posizioni si trovino in equilibrio, cioè che i genitori parlino anche con i figli maschi, cercando di dare loro corrette indicazioni, e che le ragazze imparino a conoscere ogni parte del corpo senza timore.

Oltre a quelle generate da scarsa conoscenza, quali sono le paure più diffuse?

Il timore più grande è quello del dolore legato alle mestruazioni, cui segue l'ansia di non sapere quando l'evento si verificherà. Questa incertezza provoca imbarazzo. La ragazza, sentendosi a disagio, si tortura con domande del tipo: « Dove sarò? », « Che cosa starò facendo? », « Come farò? ». Di fronte a questi interrogativi, il mio suggerimento è di non crearsi problemi anzitempo. Tutte le donne hanno vissuto e superato questo momento: è sufficiente affrontarlo con naturalezza.

Sul piano medico, quali sono le problematiche più diffuse?

Nel caso in cui la prima mestruazione subisca ritardi importanti (amenorrea primaria) o, al contrario, le mestruazioni siano troppo abbondanti o ravvicinate, è necessario rivolgersi a un medico che, valutata la gravità della situazione, deciderà la terapia più idonea. Se il flusso è troppo copioso, ma non tale da necessitare di cure mediche, è bene intervenire sul piano nutrizionale e reintegrare attraverso l'alimentazione il ferro e i liquidi persi.

I cibi ricchi di ferro sono molti: uova, lenticchie, spinaci… Insomma, ce n'è per tutti i gusti! È poi importantissimo bere molto e spesso. Il consumo d'acqua aiuta a prevenire anche l'insorgenza della cistite, cioè l'infiammazione della vescica urinaria. A proposito di questo fastidioso inconveniente, vale la pena di aggiungere una serie di regole di comportamento per evitarne l'insorgenza:

- in casa, in vacanza o in ogni altra condizione, utilizzare sempre e solo il proprio asciugamano;
- non trattenere troppo a lungo la pipì;
- usare sempre e solo biancheria di cotone (consente una maggiore traspirazione rispetto ai tessuti sintetici);
- non indossare jeans o altri indumenti troppo stretti;
- indossare perizoma solo saltuariamente e mai per troppo tempo;
- al mare, non tenere addosso troppo a lungo il costume bagnato.

La cistite non va trascurata, perché tende a ripresentarsi e può cronicizzarsi.

Un altro problema può essere rappresentato dalla candida, un fungo responsabile di alcune forme di infiammazione vaginale. Anche in questo caso valgono i suggerimenti dati in precedenza, cui aggiungerei un adeguato consumo di fibre, allo scopo di mantenere in perfetta efficienza l'intestino, e la riduzione del consumo di zuccheri.

Se le ragazze hanno bisogno di risposte o hanno dubbi che non riescono a chiarire, a chi è meglio che si rivolgano?

Nei ragazzi di entrambi i sessi c'è la tendenza a fare del gruppo (scolastico, sportivo…) il proprio punto di riferimento. Arrivati a questa età, si assiste a un cambiamento: mentre i maschietti continuano a fare « vita di branco », le ragazze diventano più selettive. I loro rapporti sono strutturati in termini di esclusività, l'amica del cuore diventa l'unica consigliera e la sola depositaria di segreti ed emozioni. Ma un'amica, per quanto informata, non ha quasi mai la conoscenza necessaria per trattare correttamente certi argomenti e il rischio è che si diffondano informazioni false o imprecise, responsabili poi del sorgere di paure o problemi. Meglio quindi rivol-

gersi alla madre o a un altro familiare, oppure a un insegnante, al medico di base o a un consultorio. Chiedendo aiuto a una di queste figure, si può essere certi di ottenere risposte chiare. Anche nel caso in cui affrontare direttamente l'argomento generi imbarazzo o disagio, è buona norma indirizzarsi a qualcuno di « autorevole » per farsi suggerire letture idonee: ci sono molte e interessanti pubblicazioni in grado di aiutare anche la più timida delle ragazze a rompere il ghiaccio.

Per finire, vogliamo parlare di sessualità?

La ragazza pubere inizia progressivamente a spostare l'interesse da se stessa agli altri. Se si pensa che il bambino considera « sé » anche la madre, significa che durante questa fase l'adolescente comincia a volgere lo sguardo fuori dalla famiglia. Il bambino, essere da subito molto sensuale (si pensi alla continua richiesta di coccole, « grattini », baci, carezze), « soddisfaceva » tali bisogni con la figura materna, mentre adesso ricerca il contatto con gli altri. Questo tipo di atteggiamento è assolutamente normale: basti pensare a quante volte abbiamo visto ragazze che si tengono per mano oppure si pettinano l'un l'altra o si abbracciano. Non bisogna però equivocare pensando a una sessualità adulta o genitale: si tratta della semplice ricerca di tenerezza e contatto fisico.

CHI HA PAURA DELLE MESTRUAZIONI?

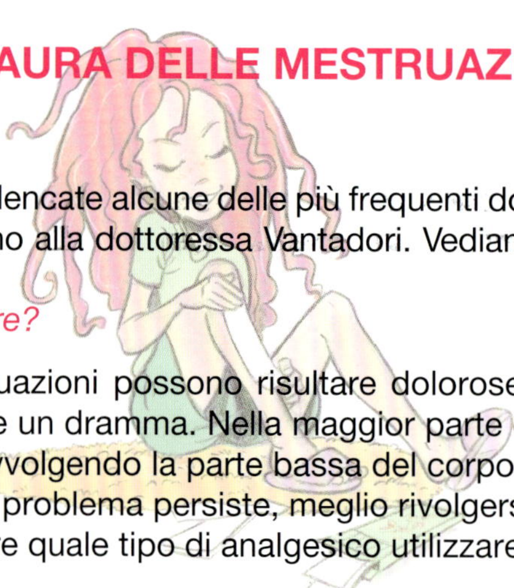

Di seguito sono elencate alcune delle più frequenti domande che le adolescenti rivolgono alla dottoressa Vantadori. Vediamo le risposte.

Proverò molto dolore?

Talvolta le mestruazioni possono risultare dolorose o fastidiose, ma non c'è da farne un dramma. Nella maggior parte dei casi è sufficiente sdraiarsi, avvolgendo la parte bassa del corpo in una coperta, e rilassarsi. Se il problema persiste, meglio rivolgersi al medico di famiglia per chiedere quale tipo di analgesico utilizzare.

Posso lavarmi?

Sì. L'igiene è sempre molto importante. Attenzione però a non eccedere con l'uso di saponi. Meglio l'acqua corrente: i detergenti, specialmente quelli troppo aggressivi, possono alterare lo strato lipidico, che invece è un elemento fondamentale, perché costituisce una barriera nei confronti dei microbi. Un uso moderato di saponi è consigliabile, purché il prodotto abbia un Ph acido e non sia troppo schiumogeno.

Posso fare il bagno?

Sì, ma non troppo caldo. L'acqua calda potrebbe favorire un aumento del flusso.

Posso andare al mare e prendere il sole?

Sì!

Posso fare sport?

Sì. Anzi, l'esercizio fisico è addirittura consigliabile. Durante un'attività sportiva anche non particolarmente impegnativa (ad esempio un giro in bicicletta), il corpo libera le endorfine, sostanze naturali in grado di generare un'azione analgesica.

Quale tipo di assorbente usare?

In commercio ce ne sono moltissimi, con forme e dimensioni diverse, e ciascuna potrà trovare il prodotto che la fa sentire meglio e più libera. Quelli ripiegati in bustina, per esempio, sono molto pratici perché si possono mettere nella borsetta o addirittura in tasca. La cosa da non dimenticare mai è che gli assorbenti vanno cambiati regolarmente per evitare irritazioni.

Assorbenti interni o esterni?

È una decisione individuale: è sempre buona norma scegliere ciò che ci fa sentire maggiormente a nostro agio.

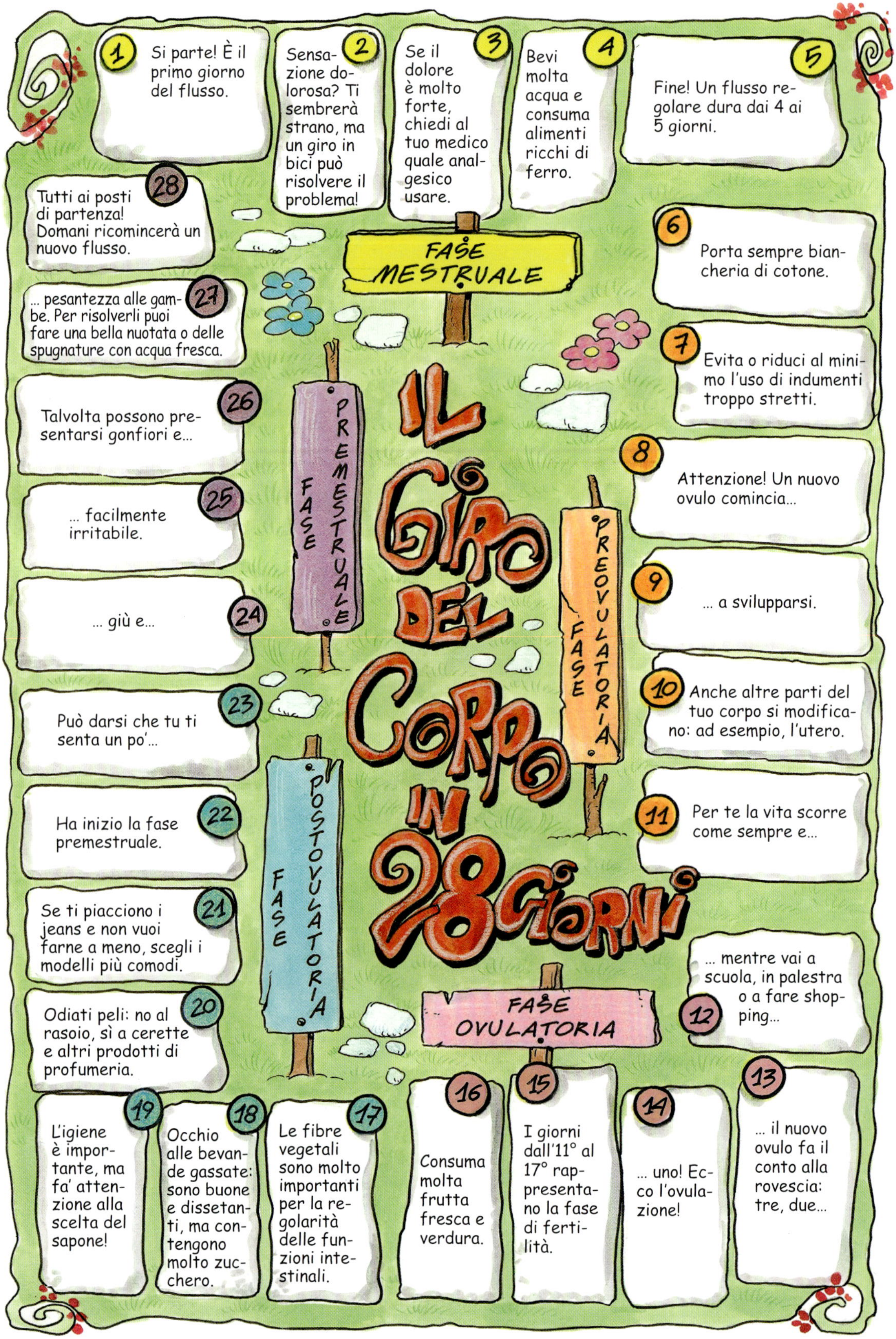
IL GIRO DEL CORPO IN 28 GIORNI
FASE MESTRUALE
1 Si parte! È il primo giorno del flusso.
2 Sensazione dolorosa? Ti sembrerà strano, ma un giro in bici può risolvere il problema!
3 Se il dolore è molto forte, chiedi al tuo medico quale analgesico usare.
4 Bevi molta acqua e consuma alimenti ricchi di ferro.
5 Fine! Un flusso regolare dura dai 4 ai 5 giorni.
FASE PREOVULATORIA
6 Porta sempre biancheria di cotone.
7 Evita o riduci al minimo l'uso di indumenti troppo stretti.
8 Attenzione! Un nuovo ovulo comincia...
9 ... a svilupparsi.
10 Anche altre parti del tuo corpo si modificano: ad esempio, l'utero.
11 Per te la vita scorre come sempre e...
12 ... mentre vai a scuola, in palestra o a fare shopping...
FASE OVULATORIA
13 ... il nuovo ovulo fa il conto alla rovescia: tre, due...
14 ... uno! Ecco l'ovulazione!
15 I giorni dall'11° al 17° rappresentano la fase di fertilità.
16 Consuma molta frutta fresca e verdura.
FASE POSTOVULATORIA
17 Le fibre vegetali sono molto importanti per la regolarità delle funzioni intestinali.
18 Occhio alle bevande gassate: sono buone e dissetanti, ma contengono molto zucchero.
19 L'igiene è importante, ma fa' attenzione alla scelta del sapone!
20 Odiati peli: no al rasoio, sì a cerette e altri prodotti di profumeria.
21 Se ti piacciono i jeans e non vuoi farne a meno, scegli i modelli più comodi.
22 Ha inizio la fase premestruale.
FASE PREMESTRUALE
23 Può darsi che tu ti senta un po'...
24 ... giù e...
25 ... facilmente irritabile.
26 Talvolta possono presentarsi gonfiori e...
27 ... pesantezza alle gambe. Per risolverli puoi fare una bella nuotata o delle spugnature con acqua fresca.
28 Tutti ai posti di partenza! Domani ricomincerà un nuovo flusso.

BOX CURIOSITÀ

1

Il termine «ginecologia» deriva da due parole greche: *gyné* (donna) e *logía* (da *logos*, discorso, ragionamento, trattato). In origine indicava lo studio delle problematiche femminili nel loro complesso (fisiche, morali, etiche…), mentre oggi identifica quella parte della medicina che si occupa delle malattie dell'apparato genitale femminile.

2

L'assorbente interno, o tampone igienico, è stato creato nel 1930 dallo statunitense Earl Hass, fondatore di una nota società di questo settore.

3

L'antidolorifico più usato nel mondo è l'aspirina (acido acetilsalicilico). Le proprietà lenitive della corteccia di salice erano note fin dall'antichità, ma soltanto nel 1853 il francese Charles F. Gerhardt ottenne per primo l'acido acetilsalicilico.

4

La nascita della psicologia risale al XVII secolo. In origine si trattava di una disciplina filosofica avente per oggetto lo studio e l'osservazione dell'anima umana. A partire dal XIX secolo, grazie agli sforzi dei tedeschi Weber, Fechner e Wundt, la psicologia subirà una trasformazione radicale, divenendo una scienza volta a esaminare i fenomeni della vita affettiva e mentale dell'individuo.

5

Il salto con l'elastico da grandi altezze *(bungee jumping)* è uno sport piuttosto recente: il primo lancio fu fatto il 25 giugno 1987 dal neozelandese Alan John Hackett Bungy, che si «tuffò» dalla Torre Eiffel di Parigi. Ciò che molti non sanno è che questa attività ha avuto origine fra gli abitanti di Bunlap, sull'isola di Pentecoste (arcipelago delle Vanuatu, Oceania), dove veniva praticata come rito di iniziazione che segnava il passaggio dall'infanzia all'età adulta.

6

«Onorate le donne! Intrecciano e intessono rose celesti nella vita terrena» (Friedrich Schiller).

7

«L'intuizione di una donna è molto più vicina alla verità della certezza di un uomo» (Rudyard Kipling).

8

«Le gioie dei genitori sono segrete e così i dispiaceri» (Francesco Bacone).

L'APPUNTAMENTO
PUF
SEI BELLISSIMA...!
!?

TEST

SEI DOLCE O AGGRESSIVA?

Segui il test a percorso e scoprirai qualcosa di più su di te!

Il modo migliore per avere amiche è:

a) Essere sincere
b) Essere disponibili
c) Essere forti

Un inglese entra in un caffè e fa...

a) Splash
b) Hallo

Vedi una compagna piangere:

a) Ti avvicini e cerchi di consolarla
b) Le chiedi perché

Il tuo motto è:

a) Chi la dura la vince
b) Chi fa da sé fa per tre

Per conquistare un ragazzo è meglio usare:

a) La dolcezza
b) La grinta

Ti riferiscono che un'amica ride alle tue spalle. Che cosa fai?

a) Non le rivolgi più la parola
b) Le chiedi se è vero

La parola «crescere» ti fa pensare a:

a) Una giovane donna
b) Una pianta

ROARRR!
Hai un caratterino... da prendere con le molle! Sei forte, decisa e piena di grinta. Sai conquistare con il fascino o la fermezza, dipende da chi ti sta di fronte. Riesci a tenere saldamente legati a te gli amici per moltissimo tempo, ma sei anche eccessivamente intransigente: non sai perdonare né dimenticare un torto subìto.

KISS
Quando qualcuno ha bisogno di te, tu ci sei sempre. Sei rassicurante e altruista, buona e accomodante, cordiale e allegra. In altre parole, unica! Non riusciresti a essere antipatica a qualcuno nemmeno se lo volessi! Sei il classico esempio di persona che «pensa positivo» e, così facendo, rende migliore il mondo!

CRASH
Sei simpatica ed esuberante, ma ti manca un po' di diplomazia. Sei il classico elefante in un negozio di cristalli. Hai molti amici ma, essendo un tantino permalosa, capita che i rapporti sfocino in... liti furibonde. Però non sei il tipo da portare rancore: basta un sorriso o una parola gentile per ripristinare gli equilibri.

CHE COSA FARÒ DA GRANDE

3

Lo sviluppo interiore di un adolescente dipende in larga misura dai contatti, dagli incontri e dagli « scontri » che ha avuto durante il suo cammino di crescita. Questo importantissimo bagaglio di esperienze, sommato a quello culturale ed educativo rappresentato dall'ambiente in cui è cresciuto (famiglia, scuola, gruppo, ecc.), è determinante per la formazione caratteriale al punto da condizionare spesso anche l'età adulta.

Le ragazze, in questa fase, iniziano a pensare al futuro e si pongono un'infinità di interrogativi sulle loro attitudini e capacità, sul modello di famiglia che intendono realizzare, sul Principe Azzurro e su molto altro. In altre parole, questo è il momento dei progetti e dei sogni, in testa ai quali ci sono quelli professionali.

Questo capitolo tratterà proprio tale argomento, fornendo informazioni e curiosità su alcune delle scuole e delle accademie più prestigiose e qualificate. Nelle pagine che seguono, pur non trascurando i sogni più « tradizionali » che ci porteranno a parlare, per esempio, di architettura e di giornalismo, verrà dato molto spazio alle professioni artistiche allo scopo di rendere note le strutture di formazione delle varie discipline, ma anche (e soprattutto) per mettere in guardia gli ingenui. Attorno all'ambiente artistico fiorisce infatti uno squallido sottobosco costituito da persone spesso senza scrupoli, e chi non conosce gli indirizzi giusti corre il serio rischio di finire nelle loro grinfie!

Artisti si nasce, bravi si diventa

Intervista a Roberto Rinaldi
disegnatore di fumetti

Questa intervista sarà pubblicata in un libro che si rivolge alle giovanissime. Secondo lei, quella del disegnatore è un'attività più maschile o femminile?

Non credo che essere uomo o donna sia importante ai fini di questa professione. Ci sono esempi di bravissimi disegnatori in entrambe le categorie: le qualità artistiche non sono legate al sesso o al colore dei capelli o degli occhi.

Quali consigli darebbe a chi volesse seguire le sue orme?

Per prima cosa di prendere coscienza da subito che si tratta di un mestiere difficilissimo, nel quale sono necessari un impegno costante, una pazienza e una forza di volontà veramente grandi, perché i risultati si vedono a lungo termine. Sono molti quelli che « si perdono per strada » proprio perché non tengono in considerazione questi aspetti: è facile lasciarsi affascinare da una professione artistica, non altrettanto viverla.

In altre parole, il « buon cavallo » si vede a lunga corsa?

Esatto. Perciò lo studio e l'applicazione sono importanti. E quando parlo di studio non mi riferisco solo a quello prettamente «tecnico», ma più in generale alla cultura e all'apprendimento. Dopo questo primo passo è fondamentale l'allenamento, che può realizzarsi solo attraverso la riproduzione delle opere di altri artisti. «Copiare per imparare» è, secondo me, la prima regola per chi voglia intraprendere questa carriera. Io amo fare il paragone tra il disegnatore di fumetti e il musicista. Un musicista, per diventare un bravo artista, deve studiare ed eseguire le opere dei «grandi». Lo stesso vale per il disegnatore.

Qual è il personaggio dei fumetti, non disegnato da lei, che preferisce?

Ce ne sono molti, sia italiani sia stranieri, ma quello che mi diverte maggiormente è Wizard of Id, pubblicato su *Linus*. Si tratta di una *comic strip* che rappresenta la sintesi più efficace di comicità e tecnica. A mio parere, un abbinamento unico!

Lei ha avuto una carriera costellata di successi e soddisfazioni: oltre che al suo talento, a chi deve dire grazie?

Non mi reputo un uomo di successo, semmai un autore di fumetti che cerca di svolgere al meglio il suo lavoro. Comunque credo che la buona riuscita di una qualsiasi attività (non necessariamente artistica) dipenda da molti elementi: capacità individuali, studio, applicazione, un pizzico di fortuna e, inevitabilmente, relazioni interpersonali. Da questo punto di vista mia sorella, quando ero adolescente, e in seguito il mio maestro Giuliano Giovetti, hanno rappresentato davvero molto per me: sono stati i primi a credere nelle mie qualità, a sostenermi e a sollecitarmi sempre a migliorare.

Qual è il suo peggior difetto?

Sono un ipercritico, un perfezionista che chiede sempre il massimo a se stesso e non riesce mai a guardarsi con indulgenza.

Il momento artistico più brutto... e quello più bello.

La cosa peggiore che io ricordi è stata la prima critica ricevuta: un tale aveva scritto su una *fanzine* che ero un artista mediocre. Mi ha fatto stare malissimo, anche se la mia presunta mediocrità emergeva dal confronto con grandi nomi, e questo, tutto sommato, costituiva motivo d'orgoglio. Di bei momenti ce ne sono stati molti, ma quello che ricordo con maggior piacere è stato quando Tiziano Sclavi e la Bonelli hanno deciso di farmi entrare nello staff di *Dylan Dog*.

In punta di piedi

Il Centro di Danza Balletto di Roma

L'arte tersicorea (così chiamata da Tersicore, la musa che la tutelava) esprime e comunica sentimenti, sensazioni e stati d'animo attraverso i movimenti del corpo regolati dalla musica e dal ritmo.

Il fascino che da sempre la danza esercita sull'uomo è grande: non a caso in tutte le civiltà, anche le più antiche e primitive, il ballo ha rappresentato un momento di grande importanza. Basti pensare alla danza della pioggia, a quelle di guerra, ai balli rituali per sposalizi, nascite ed eventi pubblici, fino a quelli funebri. La danza fa parte di noi: chi non ha mai sentito il bisogno anche solo di «segnare il tempo» battendo il piede a suon di musica? Forse per questo il ballo in tutte le sue manifestazioni è tanto amato.

Per chi ha intenzione di trasformare il semplice amore in una professione, ecco alcune informazioni sulla più accreditata scuola italiana: il Balletto di Roma e la scuola Il Centro di Danza Balletto di Roma.

Fondata quarant'anni fa da Franca Bartolomei e Walter Zappolini, la prestigiosa istituzione della capitale ha una superficie di milleduecento metri quadrati e comprende quattro grandi studi, nonché tutti i servizi e le attrezzature necessari allo svolgimento delle attività connesse all'arte tersicorea. Tutto il personale (dagli insegnanti, agli assistenti, ai pianisti, ecc.) è estremamente qualificato e scelto sulla base di accurate selezioni, allo scopo di fornire agli aspiranti artisti la migliore formazione. La scuola, che effettua orario continuato dalle 9.30 alle 22.00, è anche sede dell'omonima compagnia Balletto di Roma - Ente Nazionale del Balletto, nella quale, al termine dei corsi di studio, potranno confluire i migliori elementi. L'anno scolastico (15 settembre/30 giugno) si conclude con un saggio in uno dei maggiori teatri della città.

OLTRE LE PAROLE

Intervista ad Ausilio Giannoni
poeta

> « Se pensi al domani
> non sai se potrà avvenire
> oppure se per te la vita
> deve ancora cominciare ».

Chi è e che cosa fa un poeta?

Il poeta è come un bambino che giocando crea un mondo di fantasie. È un sognatore a occhi aperti che, anche in pieno giorno, riesce a vedere realtà fantastiche. È uno scultore che trasforma la materia grezza (parole e pensieri astratti) in una bellissima statua (la poesia). È un esploratore che si adopera giorno dopo giorno per capire che cos'è la vita.

Come nasce un componimento poetico?

Una poesia non nasce, ma vive dentro di te. È frutto di amore e sensibilità, il risultato del cammino della vita, il cuore che bussa alla mente...

Nelle sue poesie lei usa un linguaggio semplice, talvolta elementare. Vuole spiegarcene la ragione?

Adoperando termini che la maggior parte dei lettori non riesce a interpretare si riduce la poesia a qualcosa di oscuro e ambiguo, facendole perdere quella che dovrebbe invece essere la sua caratteristica fondamentale: la capacità di comunicare emozioni o suscitare riflessioni. Le parole, liberate da sovrastrutture tanto inutili quanto dannose, scorrono invece l'una dopo l'altra con semplicità ed efficacia, e il risultato è una composizione più diretta e coinvolgente, capace (mi auguro) di regalare sensazioni. Le mie opere hanno per lo più andamento discorsivo per giungere in maniera chiara e immediata a tutti.

Quali suggerimenti darebbe a chi volesse seguire le sue orme?

In primo luogo, di esprimere i propri pensieri con spontaneità e passione: la poesia può rappresentare uno strumento per comunicare i più diversi punti di vista, a patto però che sia pervasa da valore etico e sincerità. Non bisogna aver paura di « essere una voce fuori dal coro », si può mettere in discussione ogni dogma purché si tratti di un giudizio costruttivo. È inoltre molto importante porsi domande, essere curiosi e non smettere mai di stupirsi. Non lasciare che le cose scorrano addosso, ma viverle e interpretarle con pensiero libero e autonomo. Va da sé, infine, che per produrre parole e versi è di grande aiuto la cultura. E quando dico cultura non intendo solo quella scolastica, ma l'istruzione a trecentossesanta gradi. Leggendo, ascoltando e informandoci nutriamo il nostro spirito e il nostro cervello.

Lei è stato nel corpo dei vigili del fuoco: si sente più pompiere o poeta?

Il mio nome (Ausilio) significa « aiuto »; in un certo senso è come se in questo nome, voluto dai miei genitori, fosse già scritto tutto il mio destino. In qualità di vigile dl fuoco ho aiutato molte persone: è stato un lavoro impegnativo, difficile, ma nobile, che ho svolto con amore e dedizione e del quale sono molto fiero. A quanti, a torto, pensano che la poesia non trovi spazio nell'animo di persone dedite a faccende troppo materiali, rispondo che spesso sono proprio le grandi esperienze di vita a costituire un patrimonio degno di essere trasmesso. Quindi, per rispondere alla sua domanda, mi sento un poeta-pompiere o, se preferisce, un pompiere-poeta!

Che cosa cerca di comunicare attraverso le sue liriche?

I miei lavori nascono come risposta a impressioni e sollecitazioni del vivere quotidiano. Ogni cosa, ogni gesto, ogni avvenimento, piccolo o grande che sia, può risvegliare in me pensieri e riflessioni poetici. Il componimento è uno strumento di meditazione e liberazione, e se anche le mie opere appaiono talvolta pervase da un velo di malinconia, non cedono mai alla tristezza o allo sconforto più totali, ma al contrario esprimono sempre e comunque gioia e amore universale. In sintesi il mio messaggio è: amare il prossimo, se stessi e la vita.

I temi a lei più cari sono l'attualità e l'amore. Vogliamo esaminarli?

Le opere dedicate all'attualità si ispirano ad avvenimenti « presi in prestito » dai giornali o dalla televisione. Non devono necessariamente essere episodi di rilievo, può trattarsi anche di vicende « minori », l'importante è che presentino aspetti interessanti. Quando mi dedico a questo tipo di componimento, lo faccio con la segreta speranza di stimolare il lettore all'approfondimento. Questa è la ragione per la quale molte mie poesie sono strutturate in forma di conversazione con un invisibile interlocutore al quale cerco di aprire gli occhi.

E adesso parliamo dell'amore.

Non si può parlare d'amore senza parlare di colei che ne è l'ispiratrice: la donna. È lei la protagonista delle mie liriche: creatura spirituale e, al tempo stesso, carnale; a volte sublimata, altre volte ritratta nella normalità del quotidiano. Una donna che, pur avendo l'eterea consistenza di un sogno, resta persona in carne e ossa. Ma l'amore non è solo quello tra un uomo e una donna, è anche il sentimento che ci lega ai genitori, ai figli e al prossimo, chiunque esso sia, senza distinzione di razza o colore della pelle. L'amore è fratellanza universale, bene che si è perduto nell'egoismo odierno.

Un messaggio conclusivo diretto alle nostre lettrici...

Scrivere non ha stagioni perché dà sempre, comunque e a chiunque, la possibilità di esprimersi liberamente.

Nel 1998 Ausilio Giannoni inizia a comporre liriche ottenendo un immediato successo. In breve tempo le sue opere trovano spazio su libri, rotocalchi e quotidiani. Il sempre più attivo impegno nel settore letterario gli vale molti riconoscimenti tra cui la nomina a membro dell'Unione Artisti e Operatori Culturali di Napoli e quella dell'Accademia Costantiniana di Lettere, Arti e Scienze.

DESIDERIO D'AMORE

Vorrei potermi trovare insieme a te
a picco sul mare.
Vedere le onde che sprigionano
tutta la loro violenza
sulla scogliera.
Accorgermi che gocce d'acqua salata
vanno sul tuo viso
e baciandoti,
oltre a gustare l'amore dalle tue labbra,
aggiungere anche il profumo del mare.

NE' GUITTI NE' DEI

L'Accademia d'Arte Drammatica

Nell'antica Grecia il teatro rivestiva enorme importanza e per questo gli attori erano tenuti in grandissima considerazione sociale. Venivano pagati dallo Stato e godevano di numerosi privilegi tra cui l'esenzione dal servizio militare e la facoltà, in caso di guerra, di transitare in territorio nemico senza conseguenze negative.

Nell'antica Roma, invece, l'attività di attore veniva considerata contraria ai buoni principi della *dignitas* e pertanto infamante, al punto che il cittadino romano che avesse preso parte a una rappresentazione teatrale avrebbe automaticamente perso i diritti civili. Per questa ragione gli attori venivano reclutati tra schiavi e liberti.

Oggi questa attività ha assunto una dignità e uno spessore che la allontanano enormemente da entrambe queste figure, collocandola in una dimensione artistica e professionale ben diversa dal passato. L'attore è un individuo che affianca al talento e alla presenza scenica lo studio, la perseveranza e la forza di volontà, perché non va dimenticato che questa affascinante professione non è fatta solo di fama e di gloria, ma necessita di impegno e di grandi sacrifici.

Per quanti non si lasciano intimorire esiste a Roma l'Accademia Nazionale d'Arte Drammatica «Silvio D'Amico». La scuola è stata fondata con lo scopo di formare attori e registi per il teatro drammatico. Al termine degli studi i diplomati hanno la facoltà di iscriversi a corsi di perfeziona-

mento. La frequenza accademica offre molte prospettive di lavoro, tra cui assunzioni in compagnie teatrali e in industrie cinematografiche o scritture per la Radiotelevisione. Per informazioni: via Bellini, 16 - 00198 Roma.

ATTENTI AL LUPO!

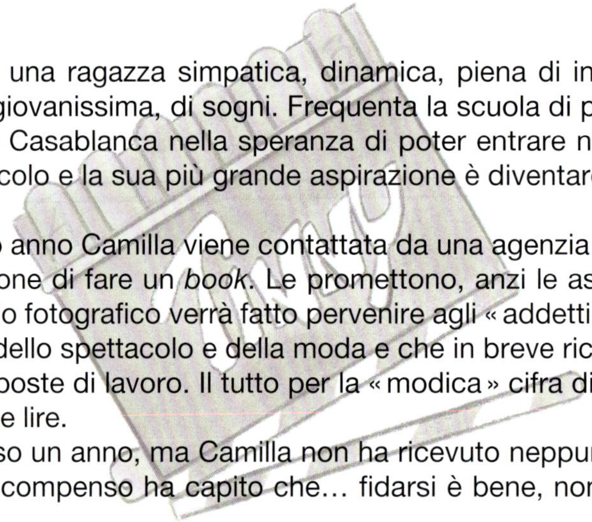

Camilla è una ragazza simpatica, dinamica, piena di interessi e, come ogni giovanissima, di sogni. Frequenta la scuola di portamento alla John Casablanca nella speranza di poter entrare nel mondo dello spettacolo e la sua più grande aspirazione è diventare un'attrice comica.

Lo scorso anno Camilla viene contattata da una agenzia di Milano che le propone di fare un *book*. Le promettono, anzi le assicurano, che il servizio fotografico verrà fatto pervenire agli « addetti ai lavori » del mondo dello spettacolo e della moda e che in breve riceverà numerose proposte di lavoro. Il tutto per la « modica » cifra di un milione di vecchie lire.

È trascorso un anno, ma Camilla non ha ricevuto neppure una telefonata. In compenso ha capito che… fidarsi è bene, non fidarsi è meglio!

Tutti i colori dell'Arcobaleno

Intervista a Lorenza Segato
realizzatrice di murales

Che cosa cerca di comunicare attraverso il suo lavoro?

Attraverso la mia creatività esprimo ciò che con le parole non riuscirei mai a esternare, regalando (spero…) a chi guarda le mie opere emozioni, piacere e un pizzico di simpatia!

Da bambina quali erano i suoi sogni?

Ho sempre desiderato «raccontarmi» attraverso l'arte. Fin da piccola ho sempre avuto la sensazione che la mia mano andasse più veloce delle mie idee…

Lei è «figlia d'arte»: suo padre Danilo è un pittore molto dotato. Questo in qualche modo ha influenzato le sue scelte artistiche?

Il lavoro di mio padre non mi ha condizionato in alcun modo, al contrario sono sempre stata lasciata libera di fare scelte autonome. Non ho subìto nessuna pressione familiare, anche perché in un'attività artistica sarebbe privo di senso: un avvocato può insistere perché il figlio si laurei in giurisprudenza, ma un pittore non può obbligare il proprio figlio a dipingere se non ne è capace. I miei familiari, però, hanno sempre creduto in me e questo per un figlio è molto importante. Comunque non dimentichiamo che una parte dei geni si tramanda...

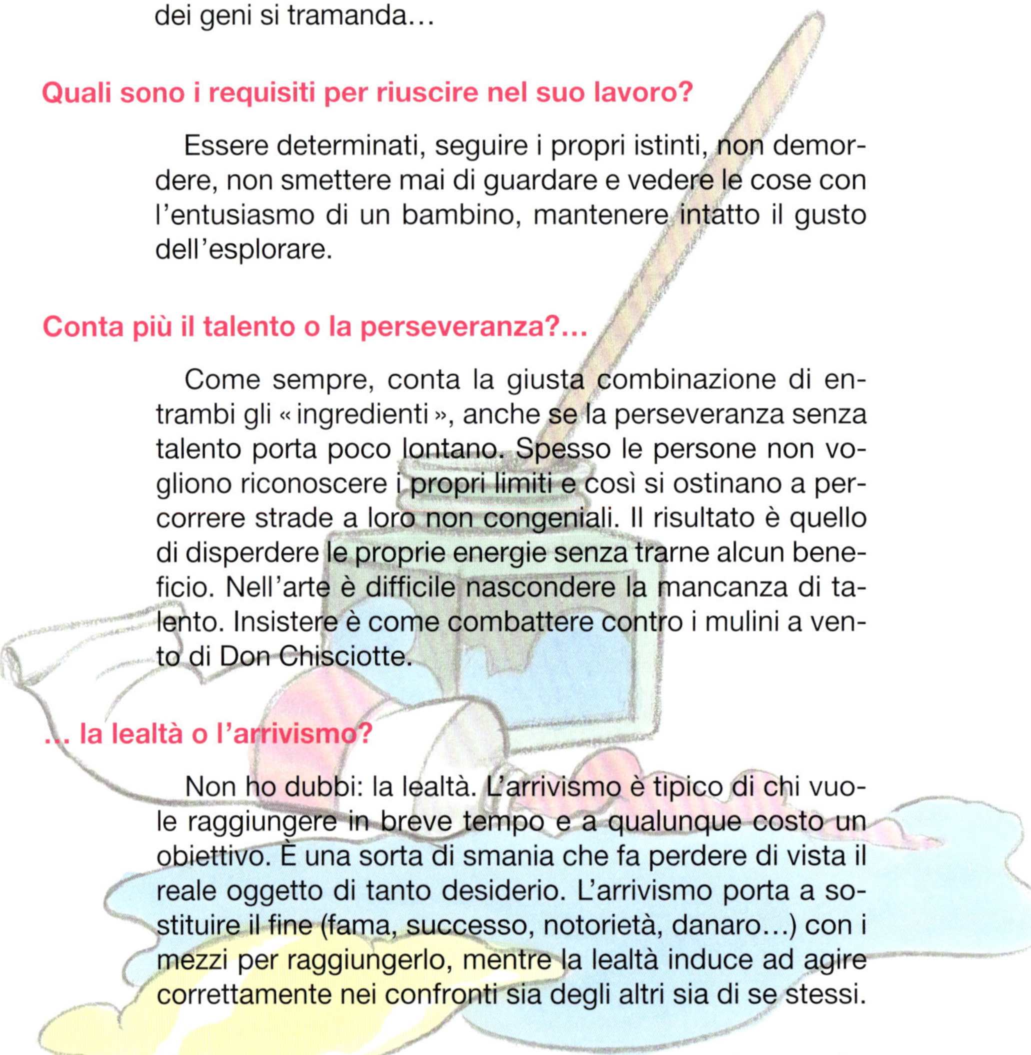

Quali sono i requisiti per riuscire nel suo lavoro?

Essere determinati, seguire i propri istinti, non demordere, non smettere mai di guardare e vedere le cose con l'entusiasmo di un bambino, mantenere intatto il gusto dell'esplorare.

Conta più il talento o la perseveranza?...

Come sempre, conta la giusta combinazione di entrambi gli «ingredienti», anche se la perseveranza senza talento porta poco lontano. Spesso le persone non vogliono riconoscere i propri limiti e così si ostinano a percorrere strade a loro non congeniali. Il risultato è quello di disperdere le proprie energie senza trarne alcun beneficio. Nell'arte è difficile nascondere la mancanza di talento. Insistere è come combattere contro i mulini a vento di Don Chisciotte.

... la lealtà o l'arrivismo?

Non ho dubbi: la lealtà. L'arrivismo è tipico di chi vuole raggiungere in breve tempo e a qualunque costo un obiettivo. È una sorta di smania che fa perdere di vista il reale oggetto di tanto desiderio. L'arrivismo porta a sostituire il fine (fama, successo, notorietà, danaro...) con i mezzi per raggiungerlo, mentre la lealtà induce ad agire correttamente nei confronti sia degli altri sia di se stessi.

Lei è una donna molto bella e affascinante. Questo ha condizionato la sua carriera artistica?

In una professione come questa, dove si passano ore, a volte anche intere notti, «al lavoro» per studiare un soggetto, abbozzarlo, realizzarlo e magari poi ricominciare tutto da capo perché non è come lo volevi, posso assicurare che l'aspetto fisico conta molto poco!

Ritiene che il suo lavoro sia più adatto a una donna o a un uomo?

A una donna, ma è solo un giudizio di parte!

Se avesse dei figli, consiglierebbe loro di intraprendere la sua stessa carriera?

Io credo che i figli dovrebbero sempre essere educati al bello e al gusto estetico, poi il loro estro istintivo li guiderà verso la scelta di una professione più idonea: impossibile costringere a fare l'artista chi sogna di fare l'ingegnere o il commercialista.

Qual è stato il lavoro che le ha dato maggiore soddisfazione?

Ma... praticamente tutti! Le decorazioni murali sono una bella scommessa. Davvero emozionante!

Chi è veramente Lorenza Segato?

Una donna semplice, gioiosa, che trova nella creatività figurale un mezzo di espressione completa e universale.

Abracadabra ... a scuola di illusionismo

La Silvan Magic Academy

L'illusionismo è l'arte di compiere esercizi che, agli occhi dello spettatore, appaiono come prodigi. L'origine di questa disciplina è antichissima e strettamente collegata alle pratiche magico-esoteriche: stregoni, sciamani e maghi dell'antichità altro non erano che i predecessori degli odierni prestigiatori.

Ci sono tre categorie di giochi illusionistici: quelli realizzati con l'ausilio di macchinari e/o effetti speciali, quelli basati su una trovata semplice, perfino banale, ma di grande impatto e quelli di abilità manuale (per esempio, i giochi con le carte).

La « magia » tradizionalmente è stata tramandata da un artista all'altro avvolta da mistero e in gran segreto. Oggi, però, per le aspiranti Houdini in gonnella esiste L'Università Italiana della Magia. La Silvan Magic Academy è una fondazione *no profit* sorta con lo scopo di preparare nuove leve per l'evoluzione e la diffusione della magia italiana nel mondo in armonia con le associazioni magiche già esistenti. L'Università si occupa anche di aiutare i bambini del terzo mondo devolvendo ad essi i proventi delle sue attività. L'Academy vanta numerosi riconoscimenti, tra cui quelli del Magic Circle di Londra, della Society of American Magicians e del Magic Castel di Hollywood.

L'attività didattica si sviluppa in *stages* della durata di quattro giorni. I corsi, tenuti da docenti di fama mondiale, si svolgono due volte l'anno e vi possono partecipare non più di venti allievi. Materie di studio, oltre all'arte della prestidigitazione, sono: mimo, dizione, *clownerie*, trucco scenico, cabaret, eccetera. Al termine dello *stage*, ciascun allievo riceverà un attestato di partecipazione firmato dall'insegnante che ha tenuto il corso, mentre il suo libretto universitario verrà firmato dal docente di turno solo se riterrà che l'allievo abbia seguito con profitto le lezioni. Dopo tre firme sul proprio libretto, l'allievo riceve un diploma di *bachelor* in Magical Arts e dopo cinque un diploma di master. Tanto il *bachelor* quanto il master sono riconoscimenti automatici e non prevedono esami, anche se presuppongono un buon livello di conoscenza della materia. Decorsi almeno tre anni e mezzo dal primo *stage* e dopo averne frequentato un minimo di sette, l'allievo può aspirare al titolo di *Doctor*. La prassi per l'attribuzione del titolo è la seguente: l'allievo concorda con il *Rector* la propria tesi (pubblicazione, un video o altro prodotto destinato ad avere un valore oggettivo per la magia italiana), poi nomina il Relatore che si renderà garante nei confronti dell'Università. Infine sottopone l'elaborato al giudizio inappellabile di una Commissione appositamente nominata dal *Rector* (per informazioni: www.silvanmagicacademy.it).

Casa mia per piccina che tu sia...

Intervista a Sonia Perini
bioarchitetto

Chi è e che cosa fa un bioarchitetto?

È un architetto, quindi conosce la tecnologia e la storia dell'arte e, quando progetta, ha rispetto dell'ambiente in cui opera, delle tradizioni locali (non solo costruttive ma anche etniche, sociali, economiche...), della salute degli utenti futuri. Perciò sceglie le tecniche di intervento più appropriate a garantire nel tempo il risparmio delle risorse naturali (acqua, energie diverse, ambiente vegetale, minerale, ecc.), la minore spesa economica di manutenzione e di gestione degli edifici e dei territori, l'armonia delle forme, dei colori, dei suoni, degli odori...

Che cosa l'ha spinta a scegliere questa specializzazione?

Dopo dieci anni di esperienze come architetto, mi sono resa conto di essere stata «ingannata» nell'accettare prodotti di edilizia o di arredo non in linea con l'ecologia, con la salute dell'abitare e del vivere e, quel che è peggio, di vivere circondata da strutture totalmente artificiali e sintetiche, prive di ogni contatto con la natura. Di colpo mi sono sentita disorientata, è stato un po' come se avessi perso la bussola. Così ho deciso di dare un nuovo valore etico al mio lavoro: volevo essere certa di consegnare ai clienti una casa sicura e sana, dove non avrebbero potuto ammalarsi o stressarsi. Per fare questo era necessario specializzarsi in bioarchitettura e, soprattutto, lavorare in maniera diversa.

Questa scelta è stata gratificante?

Infinitamente. Le racconto un episodio: dopo la specializzazione ho iniziato a lavorare seguendo nuovi criteri ispirati alle regole a cui ho appena accennato. Una mattina entro in cantiere e a un tratto mi accorgo di sentirmi in sintonia con il luogo. All'improvviso riuscivo a percepire le energie del posto che mi guidavano nelle scelte di intervento. Sentivo che la tecnologia era finalizzata a obiettivi positivi, non solo a concludere il lavoro e riscuotere, a qualunque costo. È stato bellissimo!

È possibile fare qualcosa per questo nostro povero e disperato mondo, vittima di inquinamento, desertificazione, buco nell'ozono e, soprattutto, dell'indifferenza degli esseri umani?

Moltissimo, e proprio grazie all'innovazione tecnologica. Non dimentichiamo che, se la tecnologia usata impropriamente può distruggerci, un uso corretto e intelligente è in grado di offrirci strumenti sempre nuovi e migliori. Pensiamo all'elettronica, a Internet, a tutti i servizi in rete: sono potenzialità enormi da usare per il bene dell'umanità.

Che cosa significa vivere « bio »?

Privilegiare sempre la vita piuttosto che la morte, essere positivi e creativi, dare al denaro solo un valore strumentale (cioè finalizzato a risultati sociali e non privati ed egoistici), non dimenticare mai che siamo parte di un tutto tanto più grande di noi che ci permette di vivere. Significa avere la stessa consapevolezza quando mangiamo, ci vestiamo, ci curiamo e abitiamo, quando stiamo insieme agli altri o da soli. Avere rispetto della natura in tutte le sue forme, imparare a utilizzare i prodotti

sintetici (morti) per quanto di positivo offrono: pensiamo ai materiali plastici e a tutto quello che possiamo fare usandoli, ma dobbiamo controllare che non siano inquinanti, e questo, oggi, rispetto al passato, è possibile.

Lei vive « bio » oppure... predica bene e razzola male?

Ogni giorno vivo sempre più « bio » perché non è così difficile, anzi è più facile di quanto si pensi: bisogna imparare a riconoscere tutte le forme di vita che ci circondano e a valorizzarle, a non demonizzare ciò che è prodotto senza vita propria ma può essere usato senza danni e a rifiutare tutto quanto è nocivo e inquinante. Formarsi a questa coscienza oggi è possibile, e i consumatori hanno il grande potere di guidare le scelte economiche se acquisiscono questa consapevolezza.

Che cosa insegna ai suoi figli?

Ad appassionarsi alla vita ben sapendo che la morte è l'altra faccia della vita, che a un inizio segue una fine e poi un nuovo inizio, che la realtà è una e va conosciuta per gestirla. Insegno a non rifiutare i cambiamenti e le novità, a non avere paura del diverso e dello sconosciuto, a cercare l'armonia in tutto quello che facciamo, a sviluppare ogni forma di vita in pace. All'ecologia si può arrivare da numerose strade, ma prima di tutto dobbiamo imparare ad avere e custodire dentro di noi la nostra ecologia...

Qual è la loro « risposta »?

Mia figlia ha reagito bene e ha scelto di studiare e lavorare con la danza a fini sociali; per questo sta frequentando anche la facoltà di sociologia. Sono contenta perché vedo che si impegna per vivere in armonia con se stessa, con gli altri, con l'ambiente. Ma, ripeto, sono obiettivi facilmente raggiungibili, niente di impossibile.

Pensa che sia importante « agire » sulle nuove generazioni per sviluppare una coscienza ecologica?

Importantissimo, anche se credo nel grande valore delle « vecchie generazioni », della memoria vitale cui non dobbiamo rinunciare. Proprio una visione olistica della vita (tutto si riconduce a un'unica matrice) può permetterci di coniugare passato e futuro, vecchio e nuovo, facce della stessa realtà.

Consiglierebbe ai giovanissimi di percorrere la sua stessa strada?

Sì, senza dubbio! Io ho iniziato a quarant'anni, loro possono partire a dieci o a venti, ed è molto diverso. Del resto noi siamo proprio la generazione che ha aperto la strada al cambiamento, nei lontani anni Sessanta, e senza gli strumenti che abbiamo attualmente, quindi i giovani di oggi possono raggiungere grandi risultati. Ma devono anche avere la fortuna e l'opportunità di incontrare le persone giuste.

Il passato può essere davvero definito come « il bel tempo che fu » o si tratta di un luogo comune?

Il passato è legato al presente e al futuro, non ci sono mai fratture insanabili, tutto è collegato e in continua trasformazione, in movimento. Quanto di buono c'è stato in passato dobbiamo utilizzarlo anche oggi e domani. Sono contraria a contrapporre passato e futuro, è a nostro danno ed estremamente faticoso. Anche se non bisogna dimenticare che vivere come i nostri nonni e vivere « bio » non sono la stessa cosa. I nonni possono dare molti insegnamenti, da attuare però con gli strumenti odierni. La saggezza del mondo contadino, del quale siamo arrivati a vergognarci per la sua presunta inadeguatezza, non deve andare perduta ma va rivista secondo i nostri attuali veri bisogni.

Che cosa vorrebbe che si dicesse di lei?

Che sono un architetto consapevole.

La Scuola dei grandi cervelli

La Normale di Pisa

Forse non lo sai, ma nel nostro Paese esiste da quasi due secoli la Scuola Normale Superiore, una delle istituzioni più qualificate, non solo del nostro sistema universitario ma del mondo intero, che offre ai suoi studenti la possibilità di una formazione gratuita di altissimo livello.

La Scuola nasce ufficialmente il 18 ottobre 1810 con un decreto di Napoleone. Tale atto, riconoscendo l'enorme contributo culturale e la consolidata tradizione pisana degli antichi collegi, decretava la fondazione di una succursale toscana del più grande collegio parigino: l'École Normale Supérieure, istituita soltanto due anni prima in Francia.

Il fine della Scuola era formare all'insegnamento gli studenti di lettere e scienze. Tra alterne vicende la Normale inizia la sua attività solo tre anni dopo, nel 1813, ma viene interrotta nel 1815 per essere poi rifondata dal Granduca di Toscana Leopoldo II di Lorena il 28 novembre 1846. Dopo l'unità d'Italia, la Normale assume (oltre a quella di collegio universitario) la funzione di istituto superiore di formazione scientifica e di ricerca, carattere che acquisisce ufficialmente, insieme con l'autonomia amministrativa, nel 1932.

In origine le donne non erano ammesse, poi nel 1908, tra non poche polemiche, l'accesso fu esteso anche al cosiddetto «sesso debole». Purtroppo fu un successo di breve durata, perché le donne vennero nuovamente escluse dal regime fascista, per tornare a essere riammesse nei primi anni Cinquanta.

Oggi la prestigiosa Scuola pisana è uno dei centri di cultura più noti del mondo. Si compone di due classi: la prima per lettere e filosofia, la seconda per scienze matematiche, fisiche e naturali. Ciascuna delle due organizza un corso ordinario per gli studenti iscritti alla corrispondente facoltà e uno di perfezionamento per i laureati. Sia ai corsi ordinari sia a quelli di perfezionamento si accede esclusivamente per concorso pubblico nazionale.

Contrariamente a quanto si crede, la Normale non è un'università e quindi presso la Scuola non si sostengono esami universitari né si conseguono lauree. I normalisti (ossia gli studenti della Scuola) sono tenuti a iscriversi all'Ateneo pisano e a sostenere tutti gli esami previsti dal corso di laurea nei termini fissati dalla facoltà, senza poter riportare in alcun esame una votazione inferiore ai 24/30 e dovendo mantenere una media annuale di almeno 27/30. A tali obblighi si aggiungono quelli di studio specificamente interni alla Scuola.

Alla fine del corso ordinario, dopo il conseguimento della laurea all'Università di Pisa, la Normale rilascia agli allievi, previo superamento di un esame, il diploma di licenza. Alla fine del corso di perfezionamento, invece, gli allievi conseguono, dopo la discussione di una dissertazione scritta, il diploma di perfezionamento, equipollente per legge al titolo di «dottore di ricerca». Tutti gli studenti normalisti usufruiscono di vitto e alloggio gratuiti, del rimborso delle tasse universitarie e di un contributo didattico.

La Normale non si occupa solo di studio e preparazione universitaria, promuove anche eventi culturali di vario genere. Tra questi, l'annuale stagione concertistica di musica da camera. Ma non è tutto, perché la Scuola mette a disposizione dei suoi allievi apposite strutture destinate a chi desideri praticare attività sportive e ricreative, una sala di musica per ascolto e prestito di dischi e CD, una videoteca e due pianoforti.

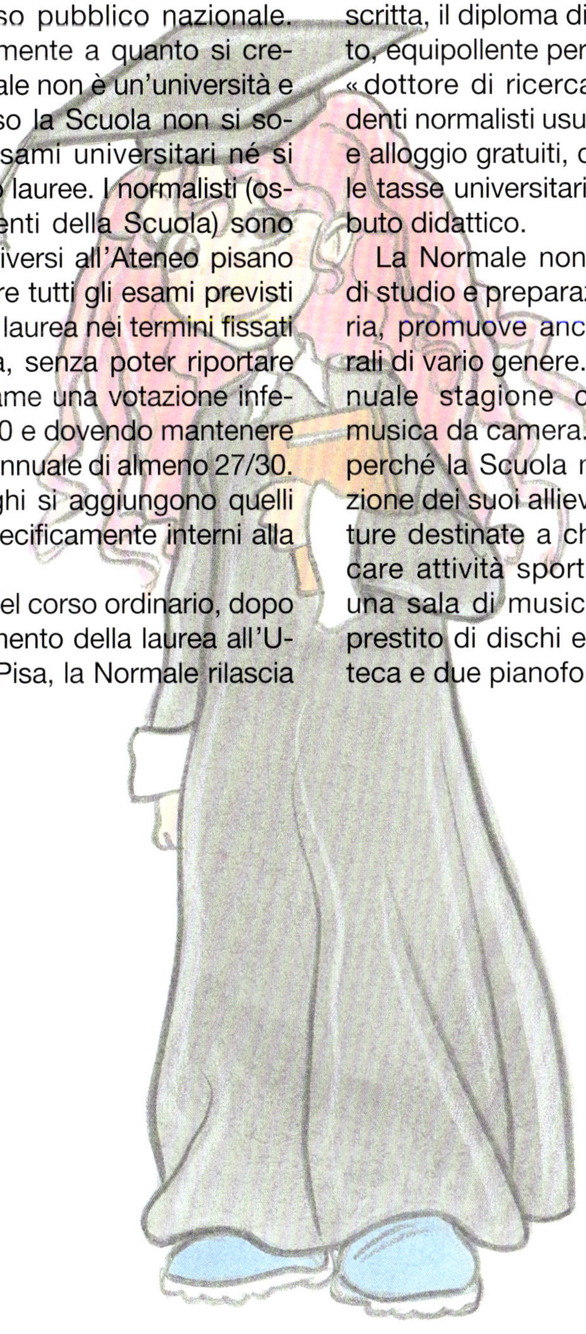

PROFESSIONE... REPORTER!

Tra servizi e inchieste

Se vi interessa tutto ciò che accade quotidianamente intorno a noi e avete la «penna facile» per scriverne la cronaca – in una parola, se la vostra passione è il giornalismo –, in Italia esistono undici scuole riconosciute dall'Ordine dei Giornalisti: tre a Milano, una a Urbino, una a Bologna, una a Perugia, tre a Roma, una a Palermo e una a Napoli. Ad esse può accedere, a seguito di concorso di ammissione, un numero limitato di allievi, che varia a seconda della capacità delle singole scuole.

Il concorso nazionale, aperto a tutti i cittadini dei Paesi dell'Unione Europea, pone quali requisiti un'età massima di trent'anni e una laurea (anche triennale) in qualsiasi disciplina e prevede tre prove scritte e una orale.

Per conoscere più da vicino l'argomento andiamo a curiosare un po' all'Istituto milanese «Carlo De Martino» per la Formazione al Giornalismo e vediamo com'è strutturata la scuola e come si svolgono i suoi corsi. L'Ifg è il centro di formazione professionale gestito dall'Associazione «Walter Tobagi» per la Formazione al Giornalismo.

La prestigiosa istituzione opera attraverso insegnanti qualificati (giornalisti, studiosi ed esperti delle singole discipline, accademici universitari e *tutors* che seguono gli allievi durante la pratica redazionale) che svolgono programmi didattici a livello universitario. Tali programmi vengono attivati sulla base di due orientamenti: lezioni accademiche ed esercitazioni pratiche allo scopo di ottenere una perfetta sintesi tra formazione culturale e formazione tecnico-professionale. Presso la scuola vengono realizzate alcune «testate laboratorio», servizi e inchieste radiofoniche per dar modo agli allievi di confrontarsi da subito con quella che sarà la loro reale vita professionale.

L'Istituto collabora con le principali scuole di giornalismo europee e gli allievi hanno l'obbligo della frequenza.

Al termine dei due anni di corso, superato l'esame di Stato, gli allievi-praticanti verranno iscritti nell'elenco professionisti dell'Albo dei giornalisti.

La Scuola di Giornalismo dell'Ordine di Milano e della Regione

Lombardia vanta uno straordinario primato: in molti anni di attività non ha mai creato disoccupati!

Per informazioni Segreteria dell'Ifg: via Fabio Filzi, 17 - 20124 Milano - tel. 02.6749871 - fax: 02.67075551 (orario 9-12.30 / 14-17, escluso sabato e festivi).

Se sei un tipo enigmatico...

La Biblioteca Enigmistica Italiana

La Biblioteca Enigmistica Italiana (BEI) è un vero e proprio punto di riferimento per ogni appassionato di enigmistica, una struttura « viva », aperta alla divulgazione e all'evoluzione dell'*Arte Edipea*. Un luogo dove si incontrano specialisti e semplici simpatizzanti, professionisti e dilettanti, in un clima di cameratismo veramente unico.

In ventitré anni di vita, l'istituzione ha realizzato un vasto archivio enigmistico, in parte già informatizzato, comprendente oltre mille testate diverse. L'archivio è strutturato in varie sezioni, tra cui opere a stampa, opere antiche (la più vetusta è del 1683), opere in più volumi, collane, quaderni, strenne, opere non in commercio, pubblicazioni su congressi e convegni, opere in lingua straniera e opere varie di enigmisti (in molti casi si tratta di lasciti e donazioni). Tutto il materiale è a disposizione degli studiosi o dei semplici... curiosi, che possono liberamente consultarlo.

Per i frequentatori di questa biblioteca davvero particolare, gli appuntamenti « fissi » sono: quello settimanale, al quale partecipano gli enigmisti locali, e gli incontri di fine mese, ai quali intervengono estimatori provenienti da tutta Italia. In queste occasioni (anche... slurp!... gastronomiche), nascono idee e fioriscono iniziative che rendono la BEI inimitabile!

Forse non sapete che la Biblioteca Enigmistica Italiana è stata fondata nel 1980 da Giuseppe Panini (il « re delle figurine »!), grande appassionato di enigmistica. Grazie a lui e a tutti coloro che continuano nel tempo la sua azione, è stato possibile realizzare un'imponente opera di ricerca, documentazione e archiviazione del materiale enigmistico, evitando così che andasse disperso. Oggi la BEI si può considerare un vero e proprio archivio storico dell'enigmistica italiana.

DA GRANDE VOGLIO...
QUANDO SARO' PIU' GRANDE MI DEDICHERO' ALLO STUDIO DELLA NATURA E DEGLI ANIMALI E FARO' DEL BIRDWATCHING... NON C'E' NIENTE DI PIU' BELLO CHE GUARDARE UN UCCELLO MENTRE VOLA!
SI SPOSTA IN ARIA SEGUENDO IL VENTO, SI ORIENTA CON IL SOLE E LE STELLE!
SA SEMPRE DOVE SI TROVA E DOVE DEVE ANDARE!
!

Test

I sogni nel cassetto

Quale delle professioni che seguono ti piacerebbe intraprendere? Dopo aver scelto quella che ti sembra più vicina a te e al tuo modo di pensare leggi il profilo corrispondente e forse scoprirai alcuni aspetti della tua personalità che non conoscevi.

Astronauta

Se il tuo sogno è emulare Valentina Tereskova, la prima donna cosmonauta, e viaggiare nello spazio, sei un tipo che non si ferma davanti a niente: non conosci né paure né incertezze. Ma non dimenticare che per diventare astronauti necessitano anni e anni di studi. Quindi: prima il dovere (lo studio) e poi il piacere (il gusto dell'avventura).

Scienziata

Ti piacerebbe essere come madame Curie? Se questo è il tuo proposito, la perseveranza è certamente la tua qualità più marcata. Sei una persona che non ama mettersi in mostra, riservata e riflessiva, ma, al tempo stesso, dotata di grandi capacità, di un'intelligenza fuori del comune e di grande ambizione. Non c'è dubbio: raggiungerai ogni meta!

Pittrice

Se questa è la professione che ti piacerebbe svolgere, hai un grandissimo spirito di osservazione, ami la luce, i colori, la bellezza e la natura. Sei inoltre estremamente sensibile: puoi commuoverti davanti a un tramonto o sognare mentre osservi gli spazi infiniti del cielo. Forse diventerai una grande artista o forse no, ma in ogni caso sarai sempre una persona speciale!

Attrice e/o cantante

Vuoi diventare una diva come Madonna o una pop star come Britney Spears? Se è così, non c'è dubbio: sei una persona estroversa, che ama sentirsi al centro dell'attenzione, non rifiuta mai un invito a una festa e ha un sacco di amici. Attenzione però, perché hai la tendenza a non lasciare spazio agli altri. Un pizzico di umiltà forse non guasterebbe...

Insegnante

Vuoi essere un'educatrice e prenderti cura delle « nuove generazioni »? Se pensi che questa sia la tua strada, quasi certamente sei una persona paziente e dolce. Infatti i bambini danno molte soddisfazioni, ma richiedono anche molto impegno. Se, viceversa, non possiedi queste caratteristiche, puoi cercare di coltivarle dentro di te oppure... cambiare lavoro!

Medico e/o infermiera

Dedicare la propria vita al servizio di chi soffre è decisamente una scelta molto lodevole e al tempo stesso difficile. Lavorare all'interno di un ospedale non sempre (anzi quasi mai) è bello e affascinate come appare in certi telefilm. La realtà è spesso dura e dolorosa. Rifletti bene prima di fare una scelta così impegnativa, ma se dopo aver analizzato i pro e i contro sarai sempre della stessa opinione... brava!

Mamma

Il tuo sogno è sposarti, fare la mamma, cambiare pannolini e allevare frugoletti? Complimenti! È decisamente il mestiere più difficile del mondo, ma, se hai fatto questa scelta, quasi certamente possiedi tutte le carte in regola per riuscire. Infatti, oltre a essere dolce e disponibile, sei forte, perseverante e determinata, qualità che indiscutibilmente faranno di te un'ottima mamma.

Noi e gli altri

4

Le pagine che state per leggere sono sicuramente fra le più importanti di tutto il manuale. La trasformazione che da bambina porta verso l'età adulta comporta un modo nuovo di vedere e affrontare il mondo esterno: la teenager, *rispetto alla piccina di un tempo, è meno egocentrica, riesce a vedere le cose nella loro totalità, e questo acquisito occhio critico, unito a una rinnovata sensibilità verso ciò che la circonda, la spinge a uscire dal suo guscio e, passo dopo passo, ad avvicinarsi agli altri.*

Cercare di esaminare tutti gli aspetti delle relazioni interpersonali è difficile, se non impossibile. Ci limiteremo a brevi cenni su alcuni dei più importanti legami come, ad esempio, il rapporto con la madre, che, in questo periodo, diventa quanto mai difficile e conflittuale, oppure quello con il « fidanzatino ».

Analizzando il mondo esterno, non potevamo astenerci dal parlare di solidarietà e per questa ragione nelle pagine che seguono saranno riportate due interviste molto significative: l'una a un'educatrice professionale e l'altra a un missionario del Pime (Pontificio Istituto Missioni Estere). La sezione sarà completata da una monografia dedicata alla vita e all'insegnamento di Madre Teresa di Calcutta.

Ma gli altri sono anche, a questa età soprattutto, gli amici; come potevano quindi mancare gli amici per antonomasia? Sì, proprio loro, i mitici boyscout! Il capitolo è ricchissimo, quindi basta con le chiacchiere: andiamo a incominciare…

BARBI
NONNA
CHIARA
PAPÀ
ELENA
MAX
ZIO
ELISA
ZIA
SARA
NONNO
FRA

NOI E LA MAMMA

Amica o nemica?

La madre rappresenta per i figli un punto di riferimento importantissimo sia sul piano affettivo sia su quello educativo. Il bambino pretende da lei coccole e tenerezze, le chiede di rimboccargli le coperte, di giocare e la ripaga con grande amore. La madre incarna per lui un modello di correttezza e giustizia che non ammette incertezze. In altre parole, il piccino si annulla completamente nel rapporto materno accettandone con animo sincero e fiducioso ogni scelta o regola.

Questa unione simbiotica dura, pur se con qualche inevitabile screzio, fino agli undici-dodici anni. Poi, durante l'adolescenza, inizia a delinearsi un processo di emancipazione per il quale la *teenager*, pur non disapprovando in tutto i comportamenti della genitrice, comincia a staccarsi progressivamente da lei. La mamma non rappresenta più la confidente e la complice alla quale raccontare tutto e i custodi dei segreti diventano l'amica del cuore e il diario.

L'adolescente approva ancora alcune scelte della madre, riconosce la sua esperienza e ricerca la sua approvazione, tuttavia cresce in lei il desiderio di una maggiore autonomia. Talvolta le figlie, specialmente in presenza delle amiche, si sentono imbarazzate dalla madre. Così tendono a considerarla « irrimediabilmente superata », o « vecchia » (indipendentemente dall'età anagrafica), incapace di capirle, e le muovono critiche del tipo: « Vorrei che facesse la sua vita e mi lasciasse libera di vivere la mia » oppure: « Mi tratta come se fossi una bambina ». Queste due frasi, che riassumono sinteticamente tutto il percorso compiuto dalle ragazze, vengono troppo spesso fraintese o mal interpretate dalle mamme, che si sentono improvvisamente escluse dalla vita delle loro « bambine » e finiscono col reagire in modo sbagliato.

Ma l'adolescente non è improvvisamente entrata in guerra contro l'amica di un tempo: sta soltanto cercando di crescere, ha bisogno di poter fare scelte autonome per capire e maturare, magari anche sbagliando.

Una madre possessiva che non sappia o non voglia accettare questo stato di cose non contribuirà a uno sviluppo equilibrato della personalità della figlia, ma, al contrario, farà crescere in lei sensi di colpa, dubbi e paure che, quasi certamente, influenzeranno anche l'età matura.

È importante non forzare l'adolescente a tenere comportamenti che non le si confanno, ma anche non scivolare nell'atteggiamento opposto, quello cioè di chi cerca di compiacere a tutti i costi le figlie soddisfacendo ogni loro capriccio e lasciandole libere di fare tutto ciò che vogliono. È vero, come abbiamo appena detto, che per crescere è necessario fare esperienze e alle volte anche sbagliare, ma è preciso dovere dei genitori fornire ai propri figli regole a cui attenersi.

Al di là delle facili lamentele e dei tentativi di ribellione, i giovani hanno bisogno di parametri a cui rifarsi: l'importante è che i familiari si sforzino di spiegare il perché di certe regole. Uno dei più frequenti motivi di lite tra madre e figlia nasce dall'incapacità degli adulti di trovare spiegazioni esaurienti a un problema e si traduce in risposte del tipo: « È così perché è così! » oppure: « È così e basta! ». Tale comportamento indispone la ragazza, che si sente trattata come una bambina incapace di comprendere. Un atteggiamento corretto implica invece confronti e chiarimenti dettagliati: l'adolescente ha un grande bisogno di sentirsi trattata « da grande »: solo così la madre può sperare di essere considerata una vera amica.

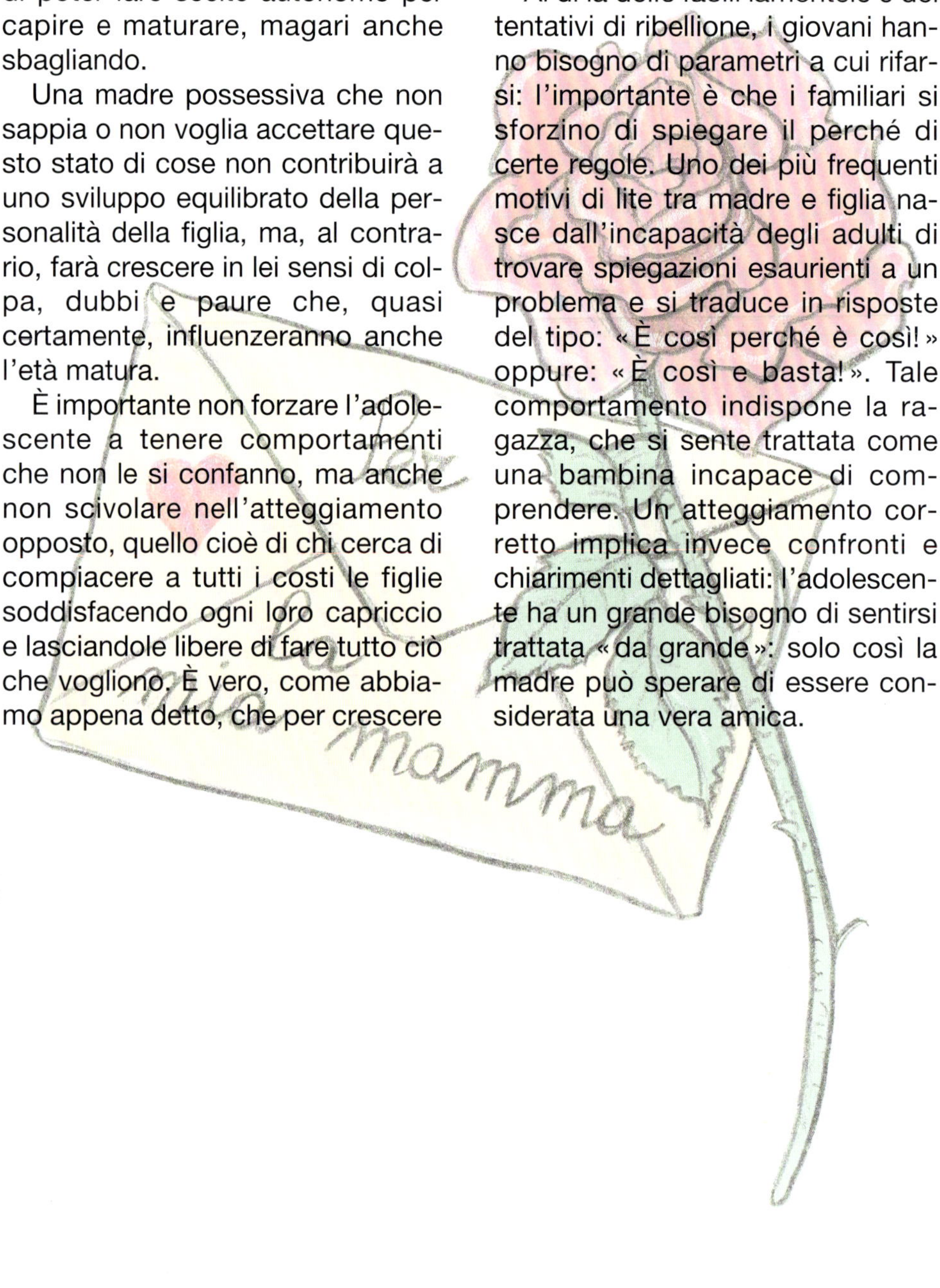

NOI E I COETANEI

Storia dello scoutismo

Il movimento scout nasce in Inghilterra all'inizio del 1900 a opera di Lord Robert Baden-Powell. Le ragioni che spinsero il filantropo britannico a dare vita a questa organizzazione giovanile nascevano dall'osservazione della situazione di degrado e disperazione nella quale vivevano i fanciulli dei sobborghi londinesi. I ragazzi, senza una guida familiare né regole educative adeguate, e senza nemmeno la possibilità di trovare una qualsivoglia occupazione lavorativa, finivano col cadere inevitabilmente nelle spirali della corruzione.

Baden-Powell decise così di istituire un'organizzazione in grado di intervenire nella delicata situazione e di aiutare concretamente i ragazzi in difficoltà. La struttura avrebbe dovuto rappresentare un valido strumento pedagogico fondato sulla fedeltà e sul servizio a Dio, al proprio Paese, al proprio gruppo e al prossimo. Si trattava, in altri termini, di un metodo imperniato sulla responsabilità e sull'educazione del carattere, sullo sviluppo dell'abilità manuale, sulla vita all'aria aperta e sulla cura del corpo, sull'aiuto al prossimo e sull'amore.

Le aspettative di lord Robert Baden-Powell non vennero deluse, anzi l'iniziativa ebbe un successo così grande e immediato che nel 1907, sull'Isola di Brownsea (Inghilterra meridionale), si tenne il primo campo scout. La fama del movimento si allargò a macchia d'olio e in breve tempo nacquero gruppi scout in America e in tutta Europa.

Ovviamente lo scoutismo non poteva passare inosservato in Italia. Nel 1912, infatti, nacque il Corpo Nazionale dei Giovani Esploratori Italiani

(CNGEI), a cui si aggiunse, nel 1916, l'Associazione Scoutistica Cattolica Italiana (ASCI).

L'avvento del fascismo vietò ogni forma di associazionismo, ma non arrestò l'opera iniziata da Baden-Powell. Infatti, seppur in clandestinità, molti scout continuarono la loro opera, dando vita all'esperienza delle cosiddette Aquile Randagie.

Dopo la fine della seconda guerra mondiale, l'ASCI tornò a svolgere ufficialmente le proprie attività e in quegli stessi anni (1943) nacque l'Associazione Guide Italiane (AGI), che per la prima volta apriva le porte dello scoutismo alle ragazze (!!). Nel 1974, dalla fusione delle due associazioni, nacque l'AGESCI, l'Associazione Guide e Scout Cattolici Italiani, che oggi in Italia conta ben centonovantamila iscritti!

Noi e lui

Questioni di cuore

L'innamoramento non è una prerogativa esclusiva della giovane età. In qualsiasi momento della vita è possibile rimanere travolte dal desiderio di « annullarsi » in un'altra persona. Tuttavia, come dice un noto adagio, « il primo amore non si scorda mai »…

Ma che cos'ha di speciale il primo ragazzo (o la prima fidanzatina)? Come abbiamo ripetuto più volte nel corso di questo manuale, l'adolescenza è una fase di mutamenti e alcuni di questi si traducono in liti e dissapori con i familiari: il primo innamoramento cade quasi sempre in coincidenza con tali episodi di tensione.

L'adolescente che si sente incompresa, sola e abbandonata incontra una persona dell'altro sesso che la ama e che per giunta condivide le sue stesse ansie. Con questa persona lei può parlare di tutto, certa di essere capita. In altre parole, ciò che rende indimenticabile il primo amore è la voglia o il bisogno di condividere una condizione di disagio.

Niente paura, ciò non significa che tutte le passioni nate sui banchi di scuola o nei dintorni siano destinate a finire nel nulla: molte sfideranno il tempo, altre magari finiranno per trasformarsi in una bella amicizia, per qualcuna ci saranno solo bei ricordi.

CONSIGLI (SEMISERI) PER CURARE IL MAL D'AMORE

CAUSA	SINTOMI	RIMEDI
Ti stai innamorando.	Cuore in gola; mente in subbuglio; formicolio per tutto il corpo.	Rilassati e pensa che è capitato a tutte. Prova a sdrammatizzare con una bella dose di autoironia!
Si è finalmente accorto di te.	Lui ti fissa per un attimo ed è come se quell'attimo si fosse moltiplicato per mille; hai le gambe pesanti; lo stomaco si contorce.	Non perdere la calma e pensa che quasi certamente anche lui sta provando le stesse sensazioni: nessuno è immune alle pene d'amore!
Ti ha rivolto la parola.	1° tipo di reazione: lo travolgi con una valanga di parole. 2° tipo di reazione: sei incapace di aprire bocca, le orecchie ti ronzano e non capisci neppure che cosa ti sta dicendo.	1° tipo di rimedio: frenaaaaa! Non aggredirlo con la tua voglia di raccontarti o se ne andrà a gambe levate! 2° tipo di rimedio: svegliaaaaa! Se non presti attenzione alle sue parole, non saprai mai se ti sta chiedendo l'ora o dichiarando il suo amore.
È infine arrivato il primo appuntamento!	Lo fissi a bocca aperta con aria ebete; ti sudano le mani; hai la sensazione che il cuore si fermi.	Tira un bel sospiro, chiudi la bocca (altrimenti corri il rischio di ingoiare qualche insetto) e prova a rompere il ghiaccio con frasi semplici tipo: «Come va?»
Non fa per te e vorresti lasciarlo.	Cerchi scuse per non vederlo; ti senti a disagio; la colpa ti pesa addosso come un macigno.	Digli la verità in modo semplice, ma chiaro. Lui capirà e potrete rimanere buoni amici.
Lui ti dice: «È finita».	Senti il cuore attanagliato da una morsa di gelido terrore; la tua mente è andata in corto; la tua anima sembra un computer dopo il passaggio di un hacker.	Non abbatterti, è capitato a tutti. Ma tranquillizzati: non si muore per amore. Guarda al futuro con ottimismo. Il sole risorge ogni mattina!

Noi e lei

L'amica del cuore

Qualcuno ha definito la capacità di farsi degli amici come una complessa arte che si apprende giorno dopo giorno. Questa affermazione è senza dubbio corretta, tuttavia nelle relazioni interpersonali gioca un ruolo fondamentale anche il carattere di ciascun individuo e questo spiega facilmente perché alcuni soggetti hanno moltissimi amici e altri pochi. Al di là delle inevitabili differenze, a questa età si possono comunque rilevare almeno due tratti comuni a tutte le *teenagers*:

- una progressiva apertura verso l'esterno, che porta le ragazze a essere più rilassate ed espansive nei confronti delle appartenenti allo stesso sesso e che si esprime compiutamente nelle relazioni di gruppo (scolastico, sportivo, ricreativo...);
- la creazione di un rapporto esclusivo, ma molto forte, conflittuale e contraddittorio, con l'amica del cuore.

Il legame che si crea a questa età con l'amica del cuore è unico in tutti i sensi e non conosce mezze misure. Tra le due ragazze-amiche si realizza infatti una vera e propria simbiosi che si traduce in un « condividere tutto » (interessi, opinioni, pensieri e spesso perfino abbigliamento, trucco o taglio di capelli). Una comunità di intenti che sfiora l'annullamento della personalità di entrambe e che non ammette intrusioni.

Le amiche del cuore si abbracciano, si coccolano, si fanno piccoli doni, ma soprattutto parlano per ore, si inviano sms ed e-mail, si confidano e si consolano. Le « amiche per la pelle » parlano delle pri-

me cotte, vanno alle feste assieme, si scambiano cosmetici e abiti, insomma vivono in una dimensione tutta loro, che esclude il resto del mondo.

E in effetti, per un periodo di tempo, crescono legate l'una all'altra da un'amicizia che sembra realmente destinata a essere eterna. Ciò che le unisce è la ricerca o, meglio, il bisogno di autenticità, intimità, accettazione reciproca e soprattutto la condivisione di gusti, valori e aspirazioni. In sintesi, quello che le ragazze ricercano è sentirsi comprese dalle amiche che, proprio perché coetanee, riescono in questo difficile compito meglio della famiglia.

Ma una relazione così intensa e passionale ha un inevitabile rovescio della medaglia: il rapporto, infatti, è molto emotivo, forte e complicato e così capita che le due litighino ferocemente, si arrabbino e non si rivolgano più la parola per lunghi periodi. I motivi sono spesso futili e, così com'era cominciata, la rabbia sbollisce e le litiganti finiscono per seppellire l'ascia di guerra e riprendere a essere in sintonia.

Tuttavia vi è una frattura che raramente riesce a essere sanata: come abbiamo appena detto, il legame con l'amica del cuore è esclusivo e non ammette intrusi, ma se l'intruso arriva ed è un LUI... le cose si complicano! Infatti, quando una delle due si innamora, per l'altra è la fine del mondo, di quel mondo fatto di affetto e complicità che per tanto tempo aveva condiviso con la compagna prediletta. E questo genera in lei una forte delusione, unita alla rabbia per quello che ai suoi occhi appare come un tradimento. L'amica rimasta sola non riesce a rassegnarsi per la perdita e si sente disorientata e priva di ogni punto di riferimento. Ma verrà un giorno anche per lei in cui un LUI, vedendola, le sorriderà... E allora comprenderà il perché della «fuga» dell'ex amica del cuore e forse le cose torneranno come prima.

DARE È MEGLIO CHE RICEVERE?!

Intervista a Maria Chiara Viel
operatrice di Telefono Azzurro

Quando e perché ha deciso di dedicarsi ad attività sociali?

Non saprei dirlo con esattezza, sicuramente quando ho cominciato ero piuttosto inesperta. Credo di aver deciso di lavorare in questo ambito partendo da un bisogno molto personale che forse all'inizio non mi era così chiaro. Ora, a distanza di anni, ne ho compreso appieno il significato. Svolgo questa attività perché è proprio nella dimensione della relazione, non solo dell'aiuto, dell'attenzione all'altro, dell'ascolto dei bisogni spesso non riconosciuti dei bambini e dei ragazzi, che ho la possibilità di esprimere e utilizzare parti vitali di me. La consapevolezza della propria storia personale è importante, poiché permette a tutti coloro che lavorano in situazione di disagio di identificarsi, per comprendere, e di distanziarsi, per accompagnare i percorsi di crescita.

La sua professione richiede grandi sacrifici?

Comporta fatiche, ma non sacrifici. Al contrario, mi regala molte gratificazioni. Certo è un genere di attività che spesso implica scelte importanti, ma anche e soprattutto situazioni di gioia e condivisione. Infatti, l'educatore lavora anche in luoghi di « normalità », come per esempio la scuola, i centri di aggregazione giovanile e le ludoteche: quindi con gruppi di bambini e adolescenti con cui si vivono anche momenti giocosi e ricreativi.

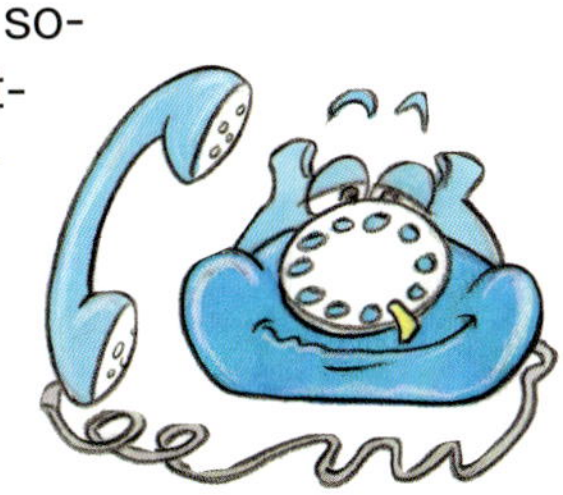

Si lascia « prendere » dalle vicende delle persone con le quali viene a contatto o... le lascia fuori dalla porta di casa? (le vicende ovviamente, non le persone!)

Non conosco un modo « asettico » di operare nei contesti educativi. Il coinvolgimento affettivo è uno strumento importante nel lavoro con i bambini o i ragazzi e non porta allo stravolgimento dei ruoli, ma all'arricchimento di quella relazione attraverso cui passa l'educazione. Penso inoltre che chi è in grado di prendere sul serio i propri sentimenti non può sottovalutare quelli altrui, quale che sia la loro natura.

In questo modo non corre il rischio di distruggere la sua vita?

Gli educatori dei servizi alla persona molto spesso agiscono in *équipe* con esperti, come gli psicologi, che sostengono e orientano le scelte nei casi di difficoltà. Dunque, anche le fatiche o le situazioni particolarmente delicate vengono condivise con i colleghi. Questi episodi sono molto importanti, perché il lavoro di gruppo permette di trovare soluzioni creative e di progettare interventi efficaci.

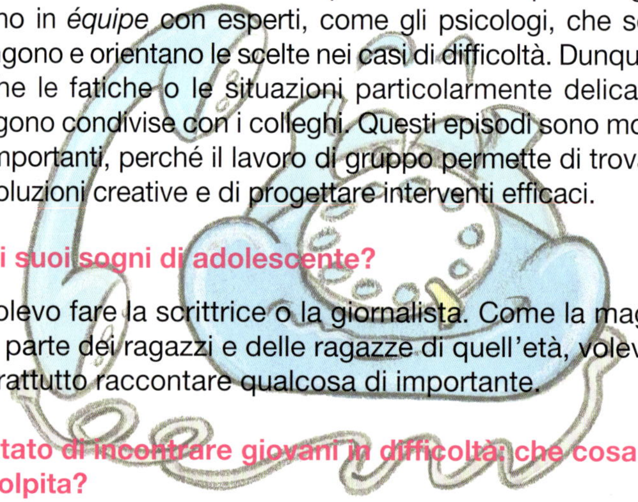

Quali erano i suoi sogni di adolescente?

Volevo fare la scrittrice o la giornalista. Come la maggior parte dei ragazzi e delle ragazze di quell'età, volevo soprattutto raccontare qualcosa di importante.

Le sarà capitato di incontrare giovani in difficoltà: che cosa l'ha maggiormente colpita?

L'incapacità di gestire la complessità e le contraddizioni della vita di tutti i giorni. I ragazzi oggi hanno tutto (computer, cellulare, scooter...), ma non gli strumenti per capire che cosa accade dentro e fuori di sé. Spesso fanno molta fatica a comunicare tra loro e a esprimere i propri stati emotivi, così come a mantenere relazioni affettive stabili. Questa incapacità produce molta sofferenza, che non di rado viene rifuggita e mascherata con atteggiamenti aggressivi e distruttivi. È indispensabile, come adulti ed educatori, promuovere nei ragazzi l'abitudine a riflettere sulle proprie emozioni e sui propri pensieri. Ai giovani deve essere fornita la possibilità di confrontarsi con gli altri al fine di apprezzarne le qualità e di acquisire l'abilità necessaria per risolvere conflitti e problemi.

LONTANO DAGLI OCCHI LONTANO DAL CUORE ?!

Intervista a Simone Caelli
missionario del PIME

Che cosa fa esattamente un missionario del PIME?

Il missionario del PIME, così come quello di altri Istituti, incontra popoli diversi, uomini e donne appartenenti a culture e mondi lontani, per parlare di un amico di nome Gesù, e si comporta nei confronti di queste persone proprio come avrebbe fatto lo stesso Gesù. Lo scopo principale delle attività del missionario non è quindi (o almeno non solo) convertire, bensì amare, aiutare e sostenere il prossimo. Instaurare un rapporto forte e importante senza « secondi fini », seppure con lo scopo di destare la passione per l'annuncio del Vangelo. In un certo senso, lo slogan del missionario potrebbe essere: « Voglio esserti amico non per convincerti che la mia fede è giusta, ma per amore ».

Nell'esercizio della sua professione lei si rivolge esclusivamente ai fratelli lontani?

Non esattamente. Oltre a quelle appena trattate, vi sono altre importanti attività indirizzate a promuovere una mentalità più aperta e disponibile nei confronti degli altri popoli e delle altre culture. L'intento educativo dell'Istituto è suscitare nelle persone il desiderio di esplorare la complessità del mondo per abitarlo con intelligenza e rispetto, raccontando alla « gente di casa nostra » la vita, la cultura, i valori e le credenze di altri popoli. Da questo punto di vista è evidente che l'opera del missionario si rivolge a tutti, non solo ai « fratelli lontani ».

Come viene svolta questa seconda attività?

Organizzando incontri nelle scuole e promuovendo campagne di sensibilizzazione sui temi della missione e del Sud del mondo. Questi momenti formativi, che chiamiamo « percorsi di educazione alla mondialità », vertono su argomenti quali la pace, la tolleranza, il rispetto per gli altri popoli e le altre culture, il commercio solidale e molto altro, e hanno lo scopo di stimolare il dialogo su argomenti che normalmente nelle scuole vengono ignorati.

Tra i molti temi ne trattiamo uno di grande attualità: l'Islam. Cerchiamo di far conoscere questa realtà ai giovani mostrando le peculiarità di questa fede e le sue diversità da quella cattolica, ma anche i punti di incontro. Quello che soprattutto ci sforziamo di far capire è che noi tutti, cristiani o mussulmani, siamo esseri umani. E ogni essere umano mangia, dorme, ride, piange, prova emozioni, ama, soffre, ha degli amici, fatica per aiutare chi ama, gioisce con i propri cari e magari sa stare con chi la pensa diversamente da lui. Insomma, è in gran parte uguale a noi. La cultura dominante spesso ci induce a pensare agli « altri » non solo come a dei diversi, ma addirittura come a individui « non umani »! Al contrario, la prospettiva dalla quale noi suggeriamo di guardare le cose aiuta ad avvicinare le parti. È il primo passo, ma non pretendiamo di appiattire le differenze: sarebbe un danno.

Perché sarebbe un danno?

Se lo immagina un mondo dove tutti la pensano allo stesso modo, si vestono allo stesso modo, fanno le stesse battute… Che noia! Ironia a parte, la diversità è un dato di fatto per chi viene al mondo. Io sono nato diverso da tutti gli altri, siamo tutti « pezzi unici » al mondo. La diversità è inscritta nella vita: per poter generare c'è bisogno dell'incontro di un uomo e una donna, esseri simili ma diversi. La diversità non va distrutta ma accettata, bisogna convivere con essa. Sia al di fuori di me, sia dentro di me.

Non sono uno psicologo, ma credo di non sbagliare affermando quanto segue: l'equilibrio psicologico è l'armonia tra forze diverse presenti nell'animo della persona; chi non accetta tali aspetti vive male o addirittura « non vive ». Chi vuole uniformare tutto prima o poi i danni li fa; per esempio (esagero il paragone per farmi comprendere) il nazismo, il comunismo, o ogni altra ideologia dove non ci sia l'attenzione alla persona, finiscono per combinare parecchi danni (il diverso semplicemente viene ucciso!).

Quindi parlare di diversità non ha senso. Bisogna riuscire a superare i pregiudizi e imparare il valore della parola « rispetto ». Dopo ogni incontro suggerisco agli insegnanti di non lasciare cadere i temi trattati, ma di farne oggetto di approfondimento e discussione.

È un modo per cercare di mantenere viva l'attenzione su questi problemi.

Come reagiscono i ragazzi?

La risposta è diversa a seconda delle fasce di età. I bambini delle scuole elementari e della prima media sono molto attenti alle spiegazioni e molto partecipi alle problematiche di chi soffre. In un certo senso, sono quasi incantati dalle parole del missionario che racconta di terre lontane e di tradizioni, usi e costumi così diversi dai loro. A questa età i bambini sono molto portati a prestare attenzione all'educatore. Ovviamente ascoltano e recepiscono in base alle capacità tipiche di quell'età e, nel corso del tempo, dovranno interiorizzare meglio gli insegnamenti ricevuti.

Non farei però questo lavoro se non avessi la certezza che certi valori possono essere appresi già da giovanissimi. Si tratta di un seme gettato: questa è la cosa veramente importante. Sarà poi la vita di questi bambini e le scelte che compiranno più avanti a dimostrare se ha attecchito o meno, ma se non si semina, non si può neanche pretendere che cresca qualcosa!

Nelle scuole superiori, invece, ci troviamo in presenza di individui ormai adulti, a persone che hanno già fatto « scelte di campo » maturando idee precise. Le loro opinioni possono essere diverse da quelle di chi sta loro davanti, ma è comunque più facile « aprirsi un varco », perché a questa età i giovani sono aperti al dialogo e al confronto. Non è così per gli adolescenti.

Come rispondono i *teenagers*?

Con loro il rapporto è più difficile. I ragazzi, a partire dagli undici fino ai tredici anni, stanno scoprendo se stessi: passano da un'età in cui l'identità è «costruita» dalla famiglia a quella in cui avvertono l'esigenza di distinguersi dai propri cari, pur essendone ancora massicciamente dipendenti. Qui c'è una naturale attenzione verso il proprio io, che rende più difficile comunicare valori che portino a pensare a qualcosa al di fuori di sé. Figurarsi poi se si tratta di popoli e di culture lontane da quelli italiani.

Il lavoro educativo è più difficile, ma non per questo meno necessario, proprio per la loro tendenza a vedere il mondo e le questioni del mondo in un'ottica individualistica. Un brufoletto di troppo o il jeans rovinato appaiono di gran lunga più drammatici dei problemi di chi soffre, specialmente se chi soffre è lontano. C'è la tendenza a chiudere gli occhi su certi problemi. È inoltre difficile farsi ascoltare: per attirare l'attenzione di un adolescente è necessario ottenere prima di tutto la sua fiducia, mettersi in sintonia con il suo mondo e con il suo modo di pensare. Una volta riusciti in questo non facile compito, arrivano anche le risposte.

Questo per quanto riguarda i giovani, ma qual è l'atteggiamento della massa nei confronti di chi soffre?

C'è molta indifferenza. Il titolo provocatorio di questo intervento *(Lontano dagli occhi lontano dal cuore?!)* riassume abbastanza bene l'atteggiamento di molti. È sicuramente più facile spegnere la TV quando ci presenta scene dolorose che non fermarsi a pensare. Si ha la sensazione che troppe persone si preoccupino solo di non essere turbate o disturbate, l'individualismo dilaga mentre ci sarebbe molto bisogno di fermarsi un istante e riflettere. Per fortuna ci sono segnali di senso opposto, anche se non del tutto condivisibili. Mi riferisco ai movimenti no-global, a quelli per la pace, all'insostituibile apporto di Emergency e di tutte quelle associazioni che credono in valori come la giustizia, l'uguaglianza, la pace, la non violenza...

Prevale l'indifferenza o l'altruismo?

Non lo so, ma a me piace pensare a coloro che si dedicano agli altri, anche solo con piccoli gesti, come a una maggioranza che continua a crescere di numero.

Che cosa l'ha spinta a dedicare la sua vita a chi soffre?

È stato un percorso, non una decisione improvvisa. Mentre frequentavo le scuole superiori sentivo che dentro di me gli ideali di amore, fede, pace e giustizia crescevano giorno dopo giorno. Così al termine del corso di studi ho deciso di fare il servizio civile anziché quello militare. Sono stato assegnato a un centro per handicappati, dove ho incontrato persone che avevano già fatto una scelta di vita analoga a quella che di lì a breve avrei fatto anch'io. Il loro esempio è stato determinante. Così, finito il servizio civile, ho smesso di chiedermi « che cosa farò da grande? »: avevo capito.

È più facile per un uomo di fede prendere una decisione di questo tipo?

Potrei risponderle di sì, ma sarebbe un giudizio di parte. Pace, amore e libertà sono valori universali che non appartengono esclusivamente ai sacerdoti.

Dubita mai?

Sì, moltissimo. Ma è la norma, il dubbio fa parte della fede, è un aiuto, uno stimolo, un invito a crescere. Talvolta mi capita di soffermarmi a pensare se ciò che perseguo non sia soltanto un ideale. In altre parole, se avrò realmente la forza per continuare a fare il missionario o se sto semplicemente inseguendo un sogno destinato a infrangersi contro la cruda realtà. Ma, ripeto, è abbastanza normale, la fede non è qualcosa di statico e immutabile.

Lei svolge un'attività molto impegnativa. C'è stato un episodio che l'ha maggiormente gratificata?

Un singolo episodio no. Tuttavia ogni relazione di amicizia che sono riuscito a costruire è stata per me fonte di intensa gioia.

La sua missione l'ha portata in India e in Messico: che cosa l'ha maggiormente colpita di quei Paesi?

La grande povertà e la semplicità. Quella semplicità che consente di apprezzare e di gioire delle piccole cose e che noi, abitanti dei Paesi civilizzati, abbiamo dimenticato.

Una vita tra i poveri

Madre Teresa di Calcutta

Madre Teresa nasce il 26 agosto del 1910 a Skopje, in Macedonia, da genitori albanesi, con il nome di Agnese Gonxha Bojaxhiu. A diciotto anni prende i voti, assume il nome di Teresa e lascia la famiglia per trasferirsi in India, dove trascorre quasi venti anni, prima come insegnante di geografia, poi come direttrice di un collegio.

Ma qualcosa le dice che non è quella la sua strada. Infatti, il 10 settembre del 1946, mentre viaggia in treno in direzione di Darjeeling, riceve una seconda e ben più impegnativa chiamata: «... Sentii la voce di Dio. Ero sicura che fosse la voce di Dio, ero sicura che mi stesse chiamando. Il messaggio era chiaro: dovevo lasciare il convento per aiutare i poveri vivendo in mezzo a loro». Teresa non ha esitazioni e da quel momento inizia a dedicare tutte le sue energie a diseredati, lebbrosi, bambini abbandonati e malati terminali.

Dimostrando una forza e un coraggio davvero fuori del comune, apre le prime case di accoglienza per i bambini, i ricoveri per i poveri, gli ospedali, le scuole. L'impegno di questa esile donna cresce di giorno in giorno al punto che in pochi anni la sua fama varca gli oceani. Nel 1950 fonda le Missionarie della Carità, congregazione dedita esclusivamente al servizio dei più poveri tra i poveri che, in poco più di cinquant'anni, si espande in tutto il mondo.

Alla coraggiosa «piccola grande donna» vengono consegnati premi e riconoscimenti, tra cui il Nobel per la pace, che lei accetta a nome di tutti i derelitti. Madre Teresa si spegne a Calcutta il 5 settembre del 1997, nella prima casa di accoglienza da lei fondata. A soli sei anni dalla sua scomparsa è proclamata beata (19 ottobre 2003).

Madre Teresa amava ripetere: «È facile amare quelli che vivono lontano. Non sempre lo è amare quelli che ci siedono accanto. È più facile offrire un piatto di riso per saziare la fame di un bisognoso che confortare la solitudine e l'angoscia di chi non si sente amato nel focolare che condividiamo con lui». La frase sintetizza tutto il suo pensiero perché, e questo lo ha sottolineato più volte nei suoi discorsi, «non si possono amare quelli di fuori, se non si comincia ad amare i membri della propria famiglia».

Sono certamente lodevoli i comportamenti o le intenzioni di quanti manifestano il desiderio di aiutare concretamente i poveri, ma prima di prodigarsi per gli abitanti dell'India o dell'Africa è importante imparare ad amare i nostri genitori, i nostri fratelli e sorelle, gli amici, i vicini di casa, i colleghi di lavoro. Molti di noi hanno rapporti superficiali con i propri familiari, altri conoscono a malapena le persone che abitano nell'appartamento di fronte. Che dire poi dell'indifferenza verso conoscenti e amici, dell'invidia professionale, dell'antipatia per il compagno di studio o il collega?

Ecco allora che cosa voleva dirci Madre Teresa: prima di amare lontano, dobbiamo amare vicino. Non è missionario solo colui che aiuta i poveri del terzo mondo: tutti noi siamo chiamati a esserlo per amare le persone che ci vivono accanto.

BOX CURIOSITA'

1

Attenti al... Lupetto! Gli scout sono organizzati in una struttura gerarchica suddivisa in tre livelli: il Branco dei Lupetti o il Cerchio delle Coccinelle (del quale entrano a far parte ragazzi e ragazze tra gli 8 e gli 11 anni); il Reparto degli Scout e delle Guide (12-15 anni); il Clan/Fuoco dei Rover e delle Scolte (15-21 anni).

2

L'anello di fidanzamento fu codificato come promessa di matrimonio da papa Nicolò I nell'860. Ancora oggi il «classico» è quello con incastonato un diamante. La scelta di questa splendida pietra ha origini molto antiche (già un documento veneziano del 1503 faceva riferimento a un anello nuziale con diamante). I mercanti veneziani furono i primi a scoprire le doti di durezza e resistenza di questa gemma e tali caratteristiche ne fecero la pietra «perfetta» per simboleggiare l'amore eterno. La preziosa promessa di matrimonio veniva portata dalla futura sposa all'anulare della mano sinistra dove si pensava passasse una «vena d'amore» direttamente collegata al cuore.

3

«Tutti gli amori dell'uomo, ancorché diversi, hanno lo stesso motore» (Vittorio Alfieri).

4

«Oggigiorno è di moda parlare dei poveri. Conoscerli, amarli e servirli è tutta un'altra cosa» (Madre Teresa di Calcutta).

ALTRUISMO?!
TERIA

Test

Leggi le domande del test e scegli la risposta più vicina al tuo modo di pensare. Poi verifica se hai dato più risposte di tipo « a », « b » o « c » e controlla il profilo corrispondente. Qualora non abbia realizzato alcuna maggioranza, non preoccuparti, significa soltanto che hai un carattere simpaticamente complesso: vai pertanto a leggere i profili corrispondenti alle lettere più numerose.

1

Un'amica è sgarbata con te: che cosa fai?

a) Pensi che sia una scortesia passeggera
b) Rispondi « a tono »
c) Le togli il saluto

2

Sei stata rimproverata ingiustamente: come reagisci?

a) Ti metti a piangere
b) Cerchi di scagionarti
c) Vai su tutte le furie

3

Scegli l'abbinamento che preferisci:

a) Amiche + musica + risate
b) Sabot + jeans + gel
c) Relax + telefonate + cioccolatini

4

Ti infastidisce maggiormente una compagna:

a) Bugiarda
b) Scontrosa
c) « Secchiona »

5

Con le amiche cerchi sempre di essere:

a) Sincera e leale
b) Allegra anche quando ti senti giù
c) Quella che « traina »

6

La tua vacanza ideale è...

a) In campeggio con tutta la famiglia
b) A Disneyland con le amiche del cuore
c) Al mare con la mamma

7

I tuoi film preferiti sono:

a) Quelli d'amore
b) Le commedie
c) Quelli d'azione

8

Se fossi un fiore, saresti...

a) Un papavero
b) Un girasole
c) Una violetta

9

La parola « disco » ti fa pensare...

a) A un CD
b) Alla luna piena
c) A un quadrato... rilassato!

Profili:

Maggioranza di « a » - La dolcezza
Simpatica, accattivante e disponibile, mai invadente né egoista! Complimenti, sei davvero una ragazza amabile e dolce: hai moltissime amiche e ti diverti un mondo in loro compagnia!

Maggioranza di « b » - L'energia
Sei piena di energia e di voglia di divertirti e le tue amiche non saprebbero fare a meno di te e della tua allegria contagiosa. Sei inoltre dotata di una fantasia e di una creatività fuori del comune.

Maggioranza di « c » - La forza
Voglia di primeggiare e tendenza a non ascoltare gli altri, ma a voler essere ascoltata: questo in sintesi il tuo carattere. Ma si tratta solo di apparenza: in realtà vuoi soltanto essere amata e benvoluta.

Noi e... Noi

5

Uno dei passatempi più semplici e più praticati durante l'infanzia è l'altalena: due giocatori si pongono all'estremità di una tavola in bilico e, con lo spostamento del loro corpo, la fanno alzare e abbassare ritmicamente. Che cosa c'entra tutto questo con il capitolo dedicato all'introspezione? La risposta è semplice: l'oscillazione, simbolicamente, indica il cammino interiore che l'adolescente percorre nella stagione della vita che stiamo trattando e che, come abbiamo già avuto modo di sottolineare, è caratterizzato da euforia e malinconia, depressione ed esaltazione, gioia e dolore. Un momento «su» e uno «giù», proprio come nel gioco più antico del mondo.

E se questo meccanismo è più evidente a livello esteriore, ad esempio nei rapporti spesso conflittuali e contraddittori con genitori, fratelli, insegnanti, è dentro l'animo dei teenagers *che si sviluppa. Non va infatti dimenticato che i comportamenti sociali e familiari esternati talvolta in modo violento sono soltanto la punta di un iceberg fatto di malesseri e disagi.*

L'adolescenza segna la fine delle certezze acquisite, della sicurezza infusa dalla tutela familiare e mette tutto in discussione: ci sono nuovi ruoli da assumere e nuove necessità da gestire specie nei rapporti con l'esterno e con l'altro sesso, ma soprattutto ci si trova di fronte a una ricerca, difficile e impegnativa, della propria personalità.

Dopo una prima fase di accettazione della madre come guida, la ragazza spesso comincia a mettere tutto e tutti in discussione e si ribella a quelle che ritiene imposizioni o, meglio, veri e propri «attentati» al suo bisogno di affermazione. Se poi non ha un buon rapporto con il corpo, se le suggestioni della pubblicità, avendo la meglio sulla sua fragilità, la fanno sentire inadeguata ai modelli di maggior successo, c'è il rischio che cada nell'abisso dell'anoressia e non solo...

Naturalmente ciò non vale per tutte le ragazze, perché c'è anche chi, trovando un ambiente comprensivo in famiglia e a scuola, confrontandosi con l'esperienza esterna e delle amiche, si riconosce nel suo ruolo accettando le sue possibilità e i suoi limiti, le sue inclinazioni, le sue emozioni e anche le sue pulsioni.

SIGMUND FREUD: CHI ERA COSTUI?!

Conoscere se stesse

Probabilmente avrai già sentito parlare di Sigmund Freud. Il suo nome ricorre spesso quando si parla di psiche, inconscio, del significato dei sogni... Complicato?! Forse, però sicuramente interessante, perché studiare queste cose significa comprendere meglio se stesse, la propria personalità. Appunto dei sentimenti più profondi (e nascosti) si occupa la psicoanalisi, di cui Freud è il fondatore.

Sigmund Freud nasce nel 1856 a Freiberg, in Moravia (Cecoslovacchia), da genitori ebrei, ma ben presto abbandona la città natale per trasferirsi a Vienna (allora capitale dell'impero austro-ungarico). Nel 1885, dopo aver conseguito la laurea in medicina, lascia l'Austria per la Francia, dove inizia a collaborare con Charcot, un famoso psichiatra parigino. Al suo ritorno a Vienna, mentre lavora con Breuer, che in quegli anni conduce importanti studi sull'ipnosi, inizia a mettere a punto il suo metodo psicoanalitico. Nel 1938, a seguito dell'annessione dell'Austria alla Germania nazista, è costretto a emigrare nuovamente. Ripara a Londra, dove muore sul finire del 1939.

La formulazione della teoria psicoanalitica rappresenta una pietra miliare nello studio e nella cura dei disturbi della personalità, tanto che ancora oggi, a più di mezzo secolo di distanza, appare innegabile che Sigmund Freud rivoluzionò il pensiero della sua epoca, aprendo la via a un nuovo e più approfondito metodo di comprensione della natura umana. Tale metodo, infatti, rappresenta non solo uno strumento per lo studio dei disagi, ma anche un vero e proprio trattamento dei disturbi della mente.

Il lavoro di Freud parte da un attento esame dei pazienti, ai quali chiede di esprimere, in piena libertà, pensieri, sentimenti ed emozioni. Scopre così che queste manifestazioni, apparentemente autonome, talvolta addirittura banali o prive di significato, vengono determinate da processi mentali inconsci. L'inconscio, secondo Freud, è costituito da tutto ciò che la mente rifiuta o non accetta per i più svariati motivi. L'insieme di queste percezioni volontariamente dimenticate viene mantenuto, anche se in modo inavvertito, nella coscienza e tende a emergere, non in maniera esplicita, in determinate manifestazioni quali i sogni, gli errori involontari (lapsus, dimenticanze...), i disturbi mentali.

Ecco quindi scoperto il fulcro su cui ruoterà tutto il sistema psicoanalitico: la creazione di un procedimento che, servendosi dell'interpretazione dei sogni e del meccanismo delle libere associazioni, indaghi i processi mentali prodotti dal paziente.

GUARDARSI DENTRO

Intervista a Caterina Fallanca
psicologa e psicoterapeuta

Psichiatria, psicologia, psicoanalisi: prima di entrare nel vivo dell'intervista vogliamo tracciare un breve profilo di queste tre discipline?

La psichiatria nasce per prima, è una branca della medicina e come tale ha un approccio di tipo fisiologico ai problemi, che vengono curati prevalentemente per mezzo di farmaci. La sua sfera di applicazione è quella delle psicosi (malattie mentali).

La psicologia sta a cavallo tra la medicina e le scienze umane e si occupa del funzionamento della mente umana in tutte le sue manifestazioni (affettività, apprendimento, percezione…).

La psicoanalisi è figlia di entrambe e si interessa dei meccanismi più profondi della psiche. Cura senza farmaci attraverso un'approfondita analisi

della vita affettiva e di relazione del paziente. Il suo scopo è stimolare nel soggetto la « consapevolezza », ossia la presa di coscienza del perché dei suoi disagi. I principali elementi « di lavoro » sono i sogni e le libere associazioni. I sogni sono un modo di parlare a se stessi attraverso un linguaggio simbolico fuori del tempo e dello spazio, le associazioni sono invece relative alle fantasie del paziente e ai suoi pensieri in libertà.

In quali casi è preferibile ricorrere all'una o all'altra terapia?

In qualsiasi caso di disagio o sofferenza, consiglio di rivolgersi al medico di base o, in alternativa, a uno psicologo (molte scuole ne hanno uno), che, dopo un'attenta valutazione del caso, saprà suggerire il tipo di intervento più idoneo. Nell'ipotesi in cui ci sia un'opposizione da parte della famiglia, il minore può richiedere l'assistenza anche senza che i genitori ne siano informati. Psichiatri, psicologi e psicoanalisti sono tenuti a rispettare il segreto professionale. Questa precisazione è molto importante perché capita spesso che la famiglia, davanti a malesseri di tipo psicologico, si comporti in maniera inadeguata, arrivando a negare il problema piuttosto che ammetterlo e conseguentemente affrontarlo. Una volta stabilita la via da intraprendere, è inoltre opportuno tenere a mente alcune regole.

- È sempre necessaria la massima sincerità. Mentire è controproducente per il paziente, che si troverà ad allungare inutilmente i tempi di guarigione: nessun professionista serio è lì per giudicare, ma solo per curare.
- I tempi di cura non sempre sono brevissimi, mai come in questo caso « presto e bene non vanno insieme ».
- A qualunque terapia ci si sottoponga, la personalità del paziente non viene stravolta, annullata o alterata. Talvolta capita che alcuni pazienti dichiarino: « Mi sento nuovo e diverso! », ma è bene ricordare che si tratta solo di una sensazione che nasce dalla ritrovata consapevolezza e da un modo più sereno di vivere la propria interiorità.

E adesso entriamo in argomento e parliamo di adolescenza: ci sono comportamenti, ansie e timori comuni? Quali sono i più diffusi? Che cosa li produce?

Nella vita di una donna l'adolescenza e la menopausa rappresentano (seppur per ragioni diverse) i cambiamenti più importanti e più difficili. L'adolescenza è una sorta di « laboratorio » dove la ragazza si muove per prove e tentativi che non sempre si rivelano piacevoli o positivi. La fatica conseguente a questi sforzi è enorme e spesso difficile da gestire.

Fermo restando che non si può generalizzare troppo perché ciascun individuo è una realtà a sé, esistono chiaramente alcuni atteggiamenti comuni a tutte le *teenagers*. In questo periodo, infatti, si compie la definizione di sé come persona: tale sviluppo interiore, che alcuni psicologi hanno chiamato anche « cambiamento catastrofico », produce sovente un forte stato di ansia con conseguente paura o rifiuto di crescere.

L'adolescente si trova adesso in una condizione di equilibrio alquanto precario che, se da una parte la proietta verso l'età adulta, dall'altra la richiama fortemente in direzione delle certezze dell'infanzia. L'ansia nasce da questa situazione, ma anche dal timore delle responsabilità che il diventare grandi porta inevitabilmente con sé.

Un altro elemento molto importante è costituito dalla definizione della propria identità sessuale. La ragazza di dodici-quattordici anni arrivata a questa età si chiede: « Quale tipo di donna voglio essere? ». Il confronto con la figura materna, fatto di amore e odio, accettazione e rifiuto, porterà alla definizione di un'identità sessuale definitiva.

Ci sono infine le problematiche sociali come la scelta della scuola, « che cosa farò da grande »... Tutto ciò, come dicevo, genera timore e disorientamento. C'è un forte bisogno di modelli e, a livello profondo, c'è un continuo riferimento conflittuale a madre e padre. Oggi purtroppo assistiamo a una generalizzata crisi di valori, modelli e ideali, e questo inevitabilmente genera confusione: per tale ragione gli adolescenti tendono a definirsi il più tardi possibile. Sembra che i ragazzi abbiano tutto, che possano fare quello che vogliono, cogliere qualsiasi opportunità, ma di fatto hanno davvero molto poco.

Fenomeni come il successo del tanto discusso Marilyn Manson rientrano in questo contesto di crisi dei modelli?

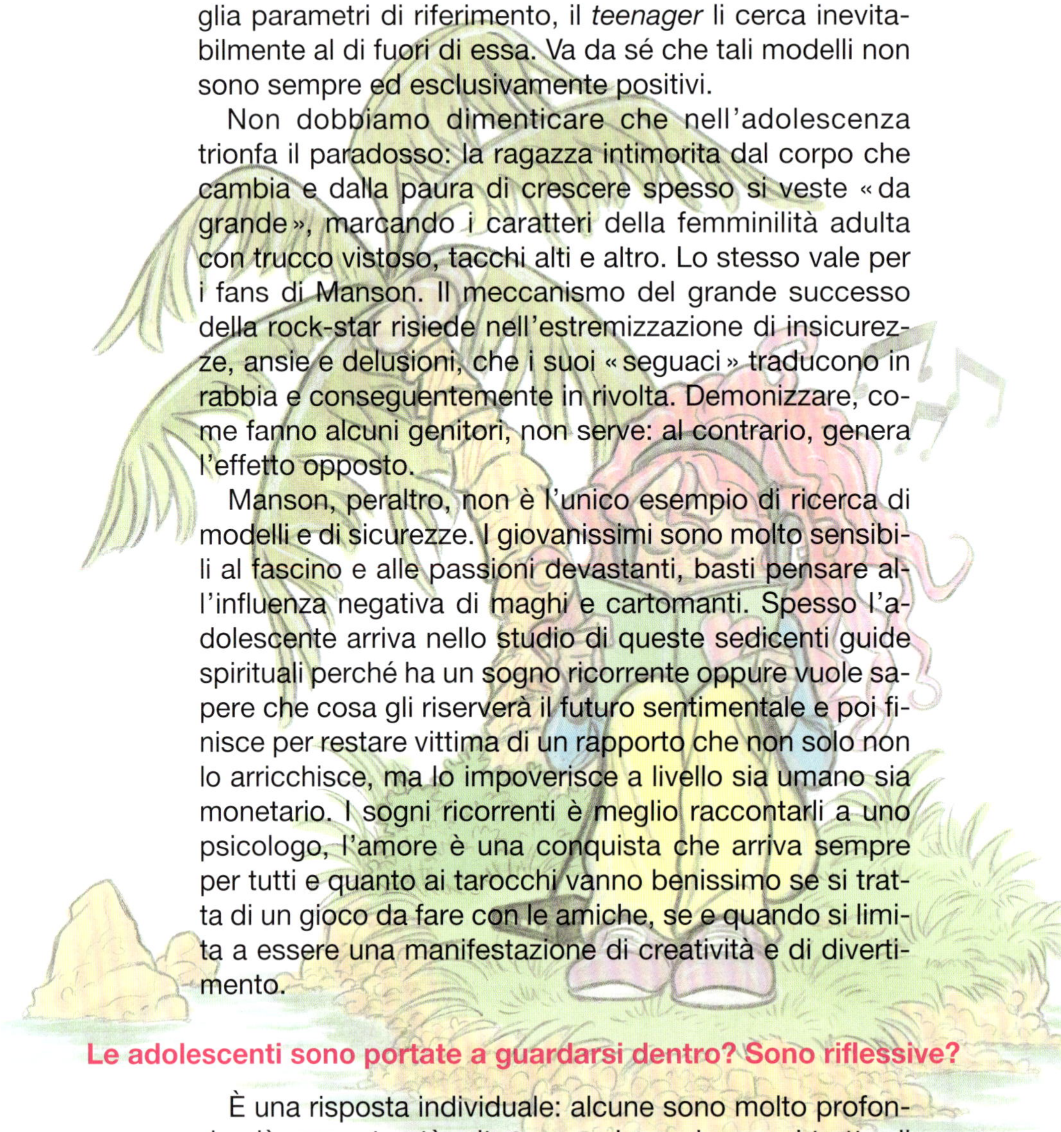

Direi proprio di sì. A questa età il divario con il mondo adulto si amplifica e, non trovando all'interno della famiglia parametri di riferimento, il *teenager* li cerca inevitabilmente al di fuori di essa. Va da sé che tali modelli non sono sempre ed esclusivamente positivi.

Non dobbiamo dimenticare che nell'adolescenza trionfa il paradosso: la ragazza intimorita dal corpo che cambia e dalla paura di crescere spesso si veste « da grande », marcando i caratteri della femminilità adulta con trucco vistoso, tacchi alti e altro. Lo stesso vale per i fans di Manson. Il meccanismo del grande successo della rock-star risiede nell'estremizzazione di insicurezze, ansie e delusioni, che i suoi « seguaci » traducono in rabbia e conseguentemente in rivolta. Demonizzare, come fanno alcuni genitori, non serve: al contrario, genera l'effetto opposto.

Manson, peraltro, non è l'unico esempio di ricerca di modelli e di sicurezze. I giovanissimi sono molto sensibili al fascino e alle passioni devastanti, basti pensare all'influenza negativa di maghi e cartomanti. Spesso l'adolescente arriva nello studio di queste sedicenti guide spirituali perché ha un sogno ricorrente oppure vuole sapere che cosa gli riserverà il futuro sentimentale e poi finisce per restare vittima di un rapporto che non solo non lo arricchisce, ma lo impoverisce a livello sia umano sia monetario. I sogni ricorrenti è meglio raccontarli a uno psicologo, l'amore è una conquista che arriva sempre per tutti e quanto ai tarocchi vanno benissimo se si tratta di un gioco da fare con le amiche, se e quando si limita a essere una manifestazione di creatività e di divertimento.

Le adolescenti sono portate a guardarsi dentro? Sono riflessive?

È una risposta individuale: alcune sono molto profonde già a questa età, altre meno. In ogni caso si tratta di un livello di riflessione abbastanza superficiale. La scuola e la famiglia non stimolano adeguatamente lo sviluppo di questa caratteristica nei ragazzi o, se lo fanno, ottengono spesso il risultato contrario. L'adolescente riflette, ha interessi o si pone domande quando ha davanti a sé un esempio concreto. Dire al figlio: « Usa la testa! » oppure: « Ragiona! » è del tutto privo di significato. Quanto più una famiglia saprà fornire modelli adeguati a un giovane, tanto più lo stesso sarà portato a pensare, informarsi o fare esperienze che lo aiutino a crescere.

Un'ultima precisazione circa gli interessi culturali dei giovani: capita che i genitori rinfaccino ai figli di trascurare le letture serie per dedicarsi ai fumetti. Non sempre i fumetti sono letture « di serie B »: alcuni possono essere addirittura stimolanti per approfondimenti letterari o storici. E poi, se Umberto Eco, uno dei più grandi eruditi del nostro secolo, ne è appassionato, una ragione ci sarà...

I rapporti sociali (per esempio le confidenze tra amiche, i legami con le compagne di scuola...) fanno parte di un processo di crescita? In quale misura?

Per sviluppare in maniera armoniosa ed equilibrata la propria personalità bisogna confrontarsi fuori dalla famiglia. Le amiche, a questa età, seppure con estremizzazioni ed eccessi, sono molto importanti perché rappresentano il « gruppo dei pari » nel quale l'adolescente si ritrova. All'interno della cerchia delle amicizie si sviluppa una sorta di identità e di coscienza collettiva: ci si conosce, si parla, si discute e si cresce. Il gruppo ha sovente un suo codice esteriore fatto di abbigliamento, *piercing*, tatuaggi, acconciature, eccetera. Anche questi elementi hanno un significato identificativo e aggregante: è un po' come se i *teenagers* in questo modo volessero dire ai genitori: « Sono diverso da voi e da tutti gli adulti ».

Un ruolo particolarmente importante è quello dell'« amica del cuore ». Con lei l'adolescente stabilisce un rapporto molto forte ed esclusivo. La compagna è la depositaria dei segreti, delle ansie, delle gioie, delle incomprensioni con i « grandi », dei sogni e delle speranze. L'amica è un proprio pari e pertanto può « capire » quello che gli adulti non comprenderebbero mai. Al tempo stesso è uno specchio nel quale la *teenager* riflette la propria immagine e

ciò le consente di studiarsi per comprendere le proprie reazioni e verificare i propri limiti.

Per noi tutti è difficile conoscersi e accettarsi. A questa età lo è di più?

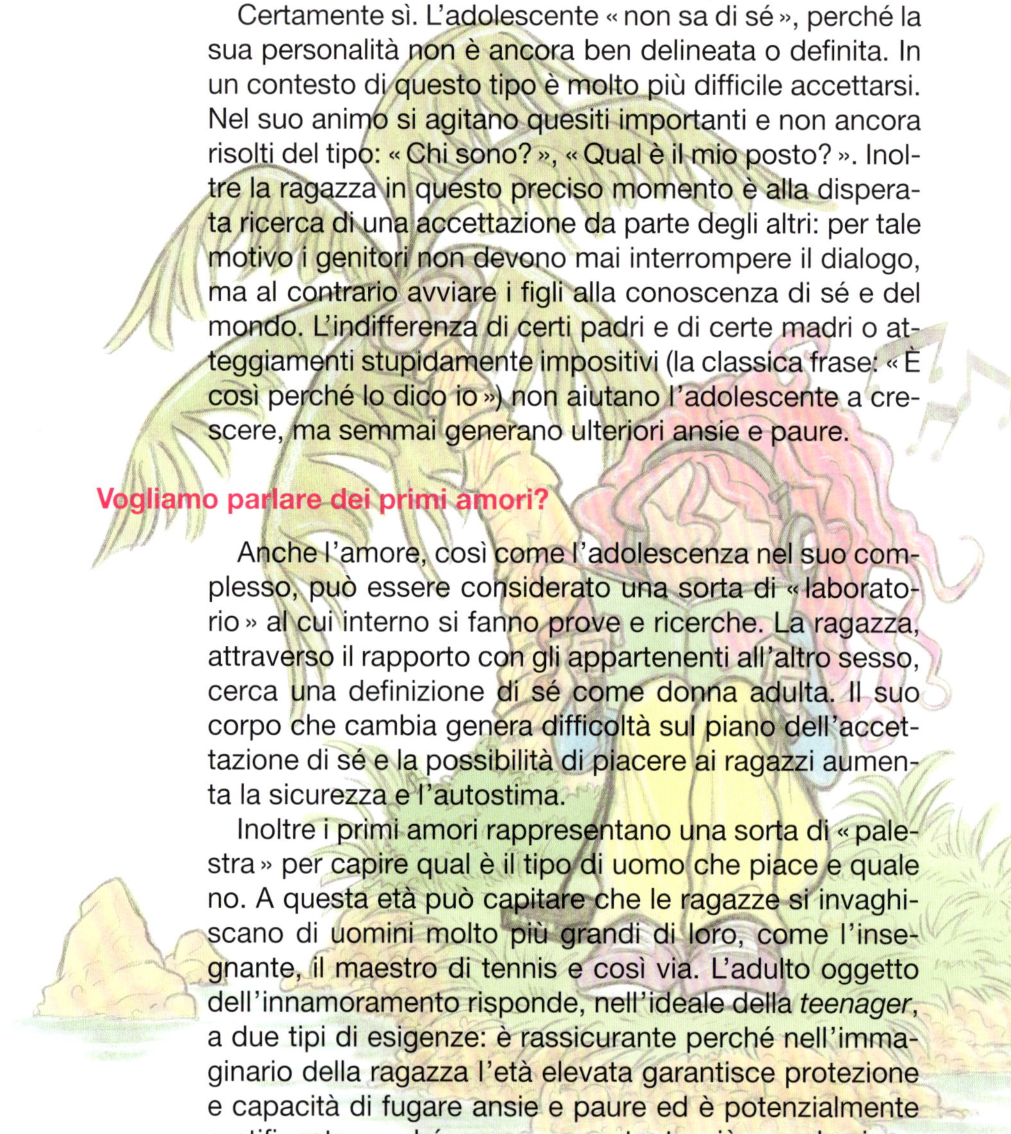

Certamente sì. L'adolescente « non sa di sé », perché la sua personalità non è ancora ben delineata o definita. In un contesto di questo tipo è molto più difficile accettarsi. Nel suo animo si agitano quesiti importanti e non ancora risolti del tipo: « Chi sono? », « Qual è il mio posto? ». Inoltre la ragazza in questo preciso momento è alla disperata ricerca di una accettazione da parte degli altri: per tale motivo i genitori non devono mai interrompere il dialogo, ma al contrario avviare i figli alla conoscenza di sé e del mondo. L'indifferenza di certi padri e di certe madri o atteggiamenti stupidamente impositivi (la classica frase: « È così perché lo dico io ») non aiutano l'adolescente a crescere, ma semmai generano ulteriori ansie e paure.

Vogliamo parlare dei primi amori?

Anche l'amore, così come l'adolescenza nel suo complesso, può essere considerato una sorta di « laboratorio » al cui interno si fanno prove e ricerche. La ragazza, attraverso il rapporto con gli appartenenti all'altro sesso, cerca una definizione di sé come donna adulta. Il suo corpo che cambia genera difficoltà sul piano dell'accettazione di sé e la possibilità di piacere ai ragazzi aumenta la sicurezza e l'autostima.

Inoltre i primi amori rappresentano una sorta di « palestra » per capire qual è il tipo di uomo che piace e quale no. A questa età può capitare che le ragazze si invaghiscano di uomini molto più grandi di loro, come l'insegnante, il maestro di tennis e così via. L'adulto oggetto dell'innamoramento risponde, nell'ideale della *teenager*, a due tipi di esigenze: è rassicurante perché nell'immaginario della ragazza l'età elevata garantisce protezione e capacità di fugare ansie e paure ed è potenzialmente gratificante perché, se un uomo tanto più grande si accorgesse dei suoi sentimenti e li corrispondesse, lei si sentirebbe appagata, soddisfatta, molto più sicura di sé e soprattutto « grande ».

Un argomento molto delicato, ma del quale è importante, anzi indispensabile parlare, è rappresentato dalle infatuazioni omosessuali. Al riguardo va chiarito che si tratta di episodi molto più diffusi di quanto non si creda, che costituiscono una fase transitoria. Come ho appena sottolineato, nell'adolescenza i giovani compiono tentativi e ricerche. Le prove in ambito amoroso spesso risultano più difficili di altre, ecco allora il significato dell'infatuazione per la compagna di classe o l'amica del cuore: è più facile confrontarsi con un «uguale» (cioè con una persona appartenente allo stesso sesso) che con un «diverso» (di sesso opposto). È importante non drammatizzare eccessivamente, anzi è bene che genitori ed educatori si adoperino per tranquillizzare e rassicurare. Certo non è facile e può costituire fonte di imbarazzo, ma è necessario, altrimenti si corre il rischio di far sentire inutilmente in colpa il giovane e di inibire il suo processo di crescita. Va da sé che questi suggerimenti valgono anche nel caso in cui il fenomeno non sia di tipo transitorio.

Molte ragazze si dichiarano «bloccate» dalla timidezza, che impedisce loro di vivere serenamente. Ma che cos'è questo senso di imbarazzo che fa arrossire e vergognare?

La timidezza è una caratteristica che accomuna tutti gli adolescenti ed è sintomatica di una grande paura di esprimersi. Il più delle volte i «timidoni» sono persone che rimuginano in continuazione o si tormentano con domande del tipo: «Avrò agito bene?», «Mi sarò resa ridicola?», «Adesso che cosa penserà di me?»...

La timidezza può esprimersi anche sotto forma di aggressività, specialmente nei ragazzi; in questo caso vale il discorso fatto poc'anzi per il paradosso e l'estremizzazione di certi comportamenti.

Spesso la timidezza porta con sé quell'afflusso subitaneo di sangue al volto che produce come conseguenza il tipico rossore. La ragazza diventa «tutta rossa» quando si trova davanti a un'emozione improvvisa per la quale è impreparata, ad esempio la vergogna oppure un forte

senso di inadeguatezza o il timore di un giudizio negativo. Tuttavia il rossore non è solo la conseguenza di uno stato di ansia: può manifestarsi anche per un semplice complimento. Più correttamente, infatti, il rossore dovrebbe essere definito come uno stato di eccitazione: ad esempio la ragazza chiamata in causa in una conversazione tra grandi prova un certo timore, ma anche un pizzico di piacere. Esporsi comporta per lei ansia ma anche eccitazione. Lo stesso discorso vale per il complimento del compagno di scuola.

Per chiudere vogliamo parlare delle nuove forme di comunicazione tra i giovani, sms in testa?

Negli ultimi dieci-quindici anni abbiamo assistito a un radicale cambiamento nel modo di comunicare. L'arrivo di telefoni cellulari sempre più sofisticati e la diffusione massiccia dei computer nelle abitazioni hanno fatto sì che il tradizionale uso del telefono sia stato soppiantato da chat-line, e-mail, e « messaggini telefonici ».

I progressi tecnologici sono sicuramente positivi, ma bisogna evitare di farsi prendere la mano stravolgendo inutilmente la vita di relazione. L'uso dei mezzi appena elencati, infatti, se da una parte è innegabilmente caratterizzato da immediatezza e velocità, dall'altra è spersonalizzante perché consente a chi spedisce o riceve quella determinata comunicazione di non esporsi più di tanto. Il contatto visivo e personale è importante. L'uso del cellulare va benissimo, ma la vita di relazione è un'altra cosa, più complessa e profonda.

Proviamo a pensare al classico sms del ragazzo che, scoprendosi innamorato della compagna di classe, le invia un messaggio del tipo: « 6 bellissima ». Certamente potrà spedirlo senza timore di scoprirsi troppo, ma perderà inevitabilmente l'emozione del sorriso di lei, oppure il suo stupore e il suo dolce imbarazzo. Bisogna esprimere le proprie emozioni evitando l'indifferenza o fra qualche tempo anche i primi baci passeranno attraverso... il telefono.

Chi vuol esser lieta sia...

Consigli della psicologa Caterina Fallanca per vivere serenamente la propria età

1

Cerca di essere calma, paziente, serena e non avere fretta. Ti trovi a vivere un periodo di passaggio, ma devi essere consapevole che questa sofferenza ti porterà a qualcosa di positivo.

2

Vivi le tue emozioni senza temerle.

3

Sii consapevole della tua individualità: l'accettazione di sé è una strada tortuosa, ma imparare a conoscersi e ad amarsi è un passo molto importante.

4

Parla, esprimi le tue opinioni, confrontati con gli altri.

5

Non stancarti di chiedere o di informarti: anche la curiosità è un modo per diventare grandi.

6

Rifuggi la noia creandoti degli interessi: stare chiusa in camera tua a rimuginare non porta a niente. Se ti trovi in difficoltà, chiedi aiuto. Anche se senti il mondo adulto estraneo a te, non è escluso che possa avere qualcosa di utile da offrirti!

CHI HA PAURA DELLA DONNA CANNONE?

Intervista a Adolfo Fossataro
specialista in scienza dell'alimentazione

Quali sono i significati psicologici dell'alimentazione?

La vita psicologica e di relazione della persona è profondamente correlata all'alimentazione: non esiste attività, individuale o collettiva, lavorativa o di svago, che non tenga conto di cibo e bevande e delle relative modalità, tempi e luoghi di preparazione e assunzione. Ma non bisogna dimenticare che esiste anche un uso non alimentare del nutrirsi, quello cosiddetto « simbolico ». In questo caso alimentazione e cibo diventano uno « strumento » da usare a piacere per sentirsi più o meno inseriti nella comunità in cui si vive o più o meno « in linea » con se stessi. Inoltre il cibo è un termometro dell'umore e dello stato d'animo: alcuni alimenti assumono significati speciali e vengono usati per placare il senso di disagio o incertezza, o aumentare lo stato di euforia.

La complessità delle relazioni genitori/figli si proietta anche nel rapporto con il cibo?

Le abitudini alimentari hanno sempre avuto nelle famiglie il loro principale polo di trasmissione non solo da individuo a individuo, ma addirittura di generazione in generazione. Il cibo è un segnale del rapporto familiare: l'individuo è capace di rifiutarlo totalmente o di assumerne grande quantità.

Questi eccessi, nei giovani, sono quasi sempre risposte emotive a situazioni di stress e di ansia o, in generale, uno strumento per manifestare l'esistenza di problemi. L'impossibilità di esprimere sul piano della parola i sentimenti contraddittori nei confronti degli altri, sia genitori sia educatori o coetanei, comporta un rifiuto o un attaccamento morboso al cibo. Mangiare poco, molto, nulla, o solo determinati alimenti, in compagnia o da soli, è sintomo per alcuni soggetti di una patologia alimentare caratteristica che può avere conseguenze assai gravi. Ne sono casi dimostrativi molte forme di obesità dell'infanzia e dell'adolescenza, la bulimia (assunzione smodata e incontrollabile di cibo) e inversamente tutti i casi di anoressia mentale (rifiuto del cibo).

Anoressia e bulimia fanno paura: se ne parla molto, ma spesso in maniera inappropriata. Vogliamo affrontare l'argomento?

Si tratta di patologie caratterizzate da una alterazione del rapporto che una persona ha con il cibo e con il proprio corpo. Tali disturbi insorgono prevalentemente nel corso dell'adolescenza e hanno una maggiore diffusione tra le ragazze. Sono riconoscibili per la presenza di particolari atteggiamenti collegati a queste alterazioni. Le più comuni manifestazioni sono: il rifiuto del cibo e il digiuno, le abbuffate (ossia l'ingestione di una grande quantità di cibo in un tempo piuttosto breve), il vomito, l'uso improprio di lassativi e diuretici, l'intensa attività fisica allo scopo di dimagrire. Nonostante alcuni aspetti e comportamenti accomunino tutti i soggetti con disturbo alimentare, le caratteristiche delle persone sono molto diverse da caso a caso.

La sofferenza psicologica che sta dietro a questi disturbi è spesso molto intensa, anche se a volte negata o poco visibile, e non va mai dimenticata o trascurata. Questi problemi sono di fondamentale importanza e vanno presi in considerazione e trattati tanto quanto gli aspetti « organici » della malattia.

In conclusione, si tratta di disturbi psichici che coinvolgono anche il corpo e che, nei casi più gravi, possono produrre danni irreversibili. La terapia dovrà quindi tenere conto di tutti questi diversi aspetti, in misura e in modo diverso per ogni singolo caso.

Si conoscono le cause di queste malattie?

Non completamente, anche perché sono molti i fattori che possono contribuire alla loro insorgenza. I disturbi del comportamento alimentare costituiscono una pseudo-soluzione a una profonda crisi che si verifica durante l'adolescenza e che deriva dall'interazione multipla e complessa di vari fattori predisponenti, come la presenza di alcune caratteristiche di personalità (scarsa autostima, perfezionismo, paure legate alla maturità psicobiologica), la presenza di disturbi psicologici (depressione, abuso di sostanze), la presenza di sovrappeso e quindi il ricorso frequente alle diete, l'isolamento sociale.

Lei ritiene che ci siano anche implicazioni socioculturali?

La cultura occidentale propone la magrezza come modello per raggiungere l'autocontrollo, il successo e la perfezione: va da sé che l'adolescente che si trova in uno stato di insoddisfazione veda come unica « soluzione » la dieta. L'esordio del disturbo, caratterizzato dalla comparsa di una eccessiva preoccupazione per il peso e le forme corporee e da una estrema necessità di controllare l'alimentazione, spesso è innescato da fattori precipitanti come, ad esempio, separazioni e perdite, modificazioni dell'equilibrio familiare, inizio della pubertà, eccetera.

Un evento importante è l'esperienza dei cambiamenti puberali, vissuta come un trauma e una minaccia al controllo di sé e della propria vita. La pubertà femminile è una vicenda più complessa di quella maschile dal punto di vista della elaborazione psichica: rapido aumento del peso corporeo, trasformazioni morfologiche evidenti, menarca, rischio di gravidanza, cambiamento profondo del modo di essere guardata. Numerosi indizi portano quindi a pensare che i fattori socioculturali finiscano col giocare un ruolo importante nel favorire lo sviluppo di questi disturbi. Il contesto culturale nel quale siamo inseriti è determinante per la formazione degli ideali, delle convinzioni e delle aspettative degli adolescenti.

Ci sono responsabilità precise anche da parte dei mass media?

Riviste, televisione, radio e mezzi multimediali sono più fondati sul mondo dell'apparenza e dell'esteriorità che non sui contenuti e sui messaggi costruttivi per il senso critico dell'individuo. I protagonisti della pubblicità, le modelle che compaiono sui giornali e i personaggi dello spettacolo forniscono modelli estetici quasi sempre irrealizzabili per la maggior parte della popolazione. La magrezza e il rigido controllo del peso vengono apertamente « glorificati », mentre la grassezza è svilita al punto da essere definita non salutare, immorale e brutta.

Non viene contemplato il lavoro che si cela dietro queste immagini uniformate all'insegna della magrezza, non si parla dell'esercizio fisico, delle restrizioni alimentari, delle operazioni di trucco e di fotomontaggio che portano al risultato finale. I media illudono le persone facendo credere che sia possibile, con la sola buona volontà, raggiungere il « feroce » ideale di magrezza che loro impongono, mentre è noto che il somatotipo di ciascun individuo è spesso diverso dagli ideali proposti.

In questi messaggi non solo si cela un imbroglio, ma sono anche rimarcati il bisogno e la necessità di aderire a quel canone per avere successo e per essere apprezzati. In questo modo il conflitto tra cultura dei mass media e fisiologia porta sempre più persone a essere insoddisfatte della propria immagine corporea.

Non sarà un po' esagerato affermare che basta una fotografia o il passaggio in TV di una donna-grissino per creare nell'adolescente un senso di disagio e gettare il seme dell'anoressia?

Il 70 per cento delle ragazze della scuola media ritiene che le riviste di moda siano un'importante fonte d'informazione per la forma fisica e la bellezza. Alcuni studi hanno evidenziato che i messaggi contenuti nelle riviste sono un elemento importante per lo sviluppo di un'immagine corporea negativa. È stato ad esempio rilevato che la semplice osservazione per alcuni minuti di fotografie di modelle magre da parte di ragazze adolescenti produce livelli maggiori di depressione, stress, vergogna, senso di colpa, insicurezza e insoddisfazione corporea di quanto non faccia l'osservazione di indossatrici di taglia media.

I disturbi dell'alimentazione pare siano principalmente determinati da fattori nocivi presenti nell'ambiente. Tra questi, l'esaltazione della magrezza, favorendo lo sviluppo di un'immagine corporea negativa, sembra essere particolarmente importante. Nonostante la rilevanza dell'ambiente sociale, non va comunque dimenticato che per lo sviluppo di un disturbo dell'alimentazione sembra sia fondamentale l'interiorizzazione dei modelli proposti e la predisposizione individuale.

A ogni modo è mia ferma convinzione che, se riuscissimo a scoraggiare i media dall'usare l'immagine di modelle e attrici considerate gravemente sottopeso, osserveremmo una diminuzione significativa dell'insoddisfazione corporea nella popolazione e, forse, una riduzione dell'incidenza dei disturbi dell'alimentazione. La diretta conseguenza dell'estrema preoccupazione per il peso e le forme corporee è cercare di dimagrire seguendo una dieta.

Le persone affette da anoressia nervosa adottano un vero e proprio regime dietetico?

Non nel senso ordinario del termine: seguono una loro « dieta ferrea » che, oltre a essere fortemente ipocalorica, è particolarmente rigida. Una volta imboccata questa strada, alcuni fattori perpetuanti tendono a favorire la cronicizzazione del disturbo. Tra questi sono particolarmente importanti i vantaggi che la persona ottiene in conseguenza della perdita di peso e del controllo alimentare (ad esempio le sensazioni di successo, valore, orgoglio e superiorità, l'incremento del senso di autocontrollo e l'attenzione e l'interesse degli altri).

In alcune ragazze affette da anoressia nervosa la perdita di peso è un modo per non avere « un corpo da donna adulta » e quindi evitare i conflitti e le sfide psicosessuali tipiche dell'adolescenza. Da questo punto di vista la perdita di peso costituisce un nido in cui sentirsi al sicuro. Questi fattori fanno sì che il disturbo, una volta insorto, si automantenga e tenda a « mettere radici », dando luogo a tutta una serie di sintomi secondari alla denutrizione che a loro volta perpetuano la malattia, determinando un progressivo peggioramento della qualità della vita e una profonda modificazione della personalità del soggetto che ne viene colpito.

Questi disturbi sono molto diffusi?

La frequenza, nella popolazione femminile giovane, è di circa lo 0,3-0,5 per cento (un caso ogni 200-300 persone) per l'anoressia nervosa e dell'1-2 per cento (un caso ogni 50-100 persone) per la bulimia nervosa. Tuttavia quasi il 10 per cento delle ragazze nell'età considerata a rischio, cioè tra i quindici e i venticinque anni, ha un disturbo alimentare « subclinico » o « parziale », cioè di gravità inferiore alla anoressia o alla bulimia. Tali disagi alimentari sembrano essere molto più frequenti nelle culture occidentali più sviluppate e industrializzate.

Inoltre, quando soggetti provenienti da culture diverse si trovano a vivere, per diversi motivi (studio, immigrazione), in una società occidentale, il rischio di sviluppare un disturbo alimentare sembra essere ancora più alto rispetto ai soggetti che ci sono sempre vissuti: questo fatto porta a pensare che l'adozione di uno stile di vita tipico di una società sviluppata e industrializzata abbia una grossa influenza sull'incidenza di queste alterazioni.

Quali sono gli strumenti per combattere i disturbi dell'alimentazione?

Da alcuni anni opera in Italia l'AIDAP (Associazione Italiana Disturbi dell'Alimentazione e del Peso), un'associazione *no profit*, indipendente e autonoma, che ha lo scopo di diffondere le conoscenze scientifiche su queste malattie. Presente a livello nazionale con sedi in ogni regione, non si rivolge soltanto agli « addetti ai lavori ». Più in generale si occupa di richiamare l'attenzione dell'opinione pubblica su tali problemi attraverso la promozione di convegni, tavole rotonde, gruppi di studio e altre attività nel campo medico, psicologico, scolastico e sociale. L'Associazione, inoltre, fornisce gratuitamente alle persone che soffrono di questi disturbi materiale informativo, sostegno e consigli ai familiari, indicazioni sulle cure e i centri terapeutici più vicini. L'indirizzo Internet è il seguente: www.positivepress.net/aidap.

Quali invece gli ostacoli più difficili da superare?

Essenzialmente tre. In primo luogo c'è una grande disinformazione su queste patologie, non soltanto tra i pazienti e le loro famiglie, ma anche tra i medici e gli psicoterapeuti. Poi una certa « reticenza » da parte dei malati: poche persone con problemi alimentari seguono un trattamento, poche lo desiderano e pochi sono gli specialisti con le conoscenze necessarie per aiutarle. Infine molti individui in trattamento non ottengono una cura efficace perché raramente riescono a trovare centri adeguatamente specializzati.

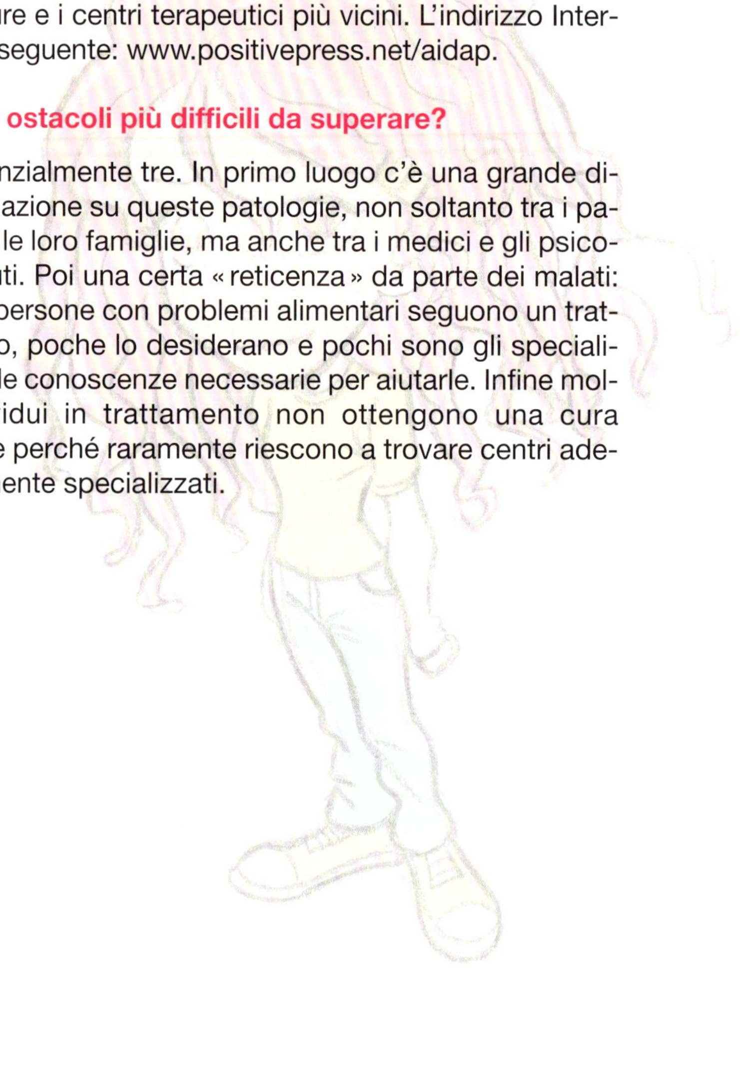

BOX CURIOSITÀ

1

A proposito di sogni e leggende, secondo una leggenda cinese sognare una farfalla predice un futuro molto prossimo fatto di prosperità.

2

Alla morte di Sigmund Freud, la sua opera fu continuata dalla figlia Anna, che compì degli studi sui meccanismi di difesa e sull'infanzia.

3

A proposito di cibi e guinness dei primati: nel Wisconsin (Stati Uniti) è stato preparato un hamburger del peso di 2,5 tonnellate!

4

Lo strudel di mele più lungo del mondo è stato realizzato invece in Germania (1,67 km di dolcezza!).

5

Per gli appassionati del gelato, il signor Mike Rogiani ha realizzato la coppa più grande di tutti i tempi. Ecco la ricetta: 20,27 tonnellate di gelato, 4,39 di sciroppo e «solo» 244 chilogrammi di guarnitura!

DORMIRE, SOGNARE...
WOW! E' PROPRIO IL PIU' BEL RAGAZZO DELLA SCUOLA!!
IERI NOTTE L'HO SOGNATO...
CHE COSA STAVA FACENDO? PARLAVA?!
EHM...
DIMMI, TI SORRIDEVA?! L'HAI BACIATO?!!
MA...
ALLORA?!
BEH, VERAMENTE NON SO... IO... STAVO DORMENDO!!!

TEST

SOGNI AD OCCHI APERTI O SOLO QUANDO DORMI?

A ogni domanda del test corrispondono tre risposte: scegli quella che più ti colpisce o si avvicina maggiormente al tuo modo di pensare. Alla fine, verifica se hai realizzato una maggioranza di «a», «b» o «c» e leggi il profilo corrispondente. Se non hai totalizzato una maggioranza netta, consulta le tracce caratteriali relative alle lettere più numerose.

1

Quando guardi un film, ti capita mai di identificarti con la protagonista femminile?

a) Quasi sempre
b) Qualche volta
c) Raramente

2

Se potessi fare un viaggio nel tempo, dove ti piacerebbe andare?

a) Alla corte del Re Sole
b) Nell'antica Grecia
c) Nel futuro

3

Ti è capitato un episodio divertente o curioso: come lo riferisci alle tue amiche?

a) Aggiungi particolari che possano renderlo più interessante
b) Parli con molta enfasi, per attirare la loro attenzione
c) Fai una cronaca dettagliata e precisa della vicenda

4

Da grande vorresti diventare:

a) Un'attrice famosa
b) Una grande scienziata
c) Una brava insegnante

5

Hai ricevuto un pacchetto anonimo. Che cosa pensi?

a) "Lo ha mandato lui perché è troppo timido per parlarmi direttamente!"
b) "Adesso lo apro, così capisco chi lo manda!"
c) "Sarà un errore?!"

6

Il posto ideale per rilassarsi è:

a) Un castello
b) Una spiaggia tropicale
c) La tua camera

7

La lezione scolastica si sta facendo noiosa. Tu...

a) Immagini di essere altrove
b) Ti perdi dietro al filo dei tuoi pensieri
c) Scrivi annotazioni sul tuo diario

PROFILI

A – *Sulle ali di un sogno* - È inutile negarlo, tutti noi sogniamo a occhi aperti, ma forse in te questa pratica ha preso il sopravvento sulla realtà. Niente di grave, sei giovane e alla tua età è abbastanza consueto cancellare le cose che non piacciono e sostituirle con bei sogni. Attenta però a non eccedere!

B – *Il giusto mezzo* - Certo, qualche volo di fantasia può essere piacevole, ma per nulla al mondo tu perderesti il senso della realtà. La vita, per quanto alle volte possa apparire difficile, è piena di fascino e tu sei una persona che ha dentro di sé una grande voglia di provare nuove emozioni ed esperienze.

C – *Con i piedi per terra* - Possiedi una forte razionalità che ti impedisce di «alzarti da terra» per spaziare nel mondo dei sogni a occhi aperti e della fantasia. Questo ti aiuta a vedere il lato positivo delle cose e ad affrontarle in maniera corretta. Sei sicuramente una ragazza molto matura per la tua età.

TEMPO LIBERO

6

Finora abbiamo parlato della vita delle teenagers *come di un momento fatto di ansie e contraddizioni, progetti e delusioni, amicizia e solitudine. Ma l'adolescenza non è solo questo: inevitabilmente nell'età in esame, come in ogni altra fase della vita umana, i momenti «neri» e quelli di serenità si alternano.*

Tra i dodici e i quattordici anni, le adolescenti sentono di avere dentro di sé un potenziale di energia veramente grande. Il tempo libero rappresenta l'inevitabile valvola di sfogo per questo «eccesso di vitalità», ma anche un modo per stare assieme, conoscersi e crescere. Le attività extrascolastiche ed extrafamiliari vengono definite dagli psicologi come «metodi di autoeducazione» in grado di influenzare significativamente il percorso di crescita e di formazione verso l'età adulta.

Le ragazze, dopo aver abbandonato bambole e giocattoli, rivolgono l'attenzione verso la vita degli adulti con occhio critico ma interessato. Questa crescente osservazione dei «grandi» genera in loro accese critiche e magari anche il rifiuto di alcuni atteggiamenti dei familiari, ma inevitabilmente anche una tendenza emulativa che trova la sua più compiuta espressione proprio nelle attività ricreative.

Appare quindi evidente la grande importanza che tutto ciò riveste per le adolescenti: il tempo libero e le attività che in esso si compiono svolgono la stessa funzione che durante l'infanzia è stata esercitata dal gioco: quella di preparazione alla maturità.

Basta con gli indugi! La festa sta per cominciare!

?!
CORSO DI CHITARRA ACUSTICA
MARTEDÌ ORE 21
LEZIONE DI INGLESE
ORE 20 GIOVEDÌ
CORSO DI CAMPANA TIBETANA
LUNEDÌ 15 ORE 18
CORSO DI CUCINA TIROLESE
NUOTO

UNA FESTA DALLA "A" ALLA "Z"

Un alfabeto per divertirsi

A come AMICI e AMICHE. Quando si stende la lista degli invitati a una festa, è sempre preferibile orientarsi su persone che già si conoscono o che si presume possano affiatarsi rapidamente. In caso contrario, gli invitati trascorreranno gran parte della festa a cercare di… rompere il ghiaccio.

B come BARAONDA. Meglio invitare poche amiche. Le feste troppo affollate sono raramente divertenti, senza contare quante energie si dovranno spendere prima per organizzarle e poi per aiutare la mamma a rigovernare!

C come CIBI e BEVANDE. Sulla tavola ben apparecchiata non dovranno mancare tartine, panini e stuzzichini, in quantità notevole e di tutti i gusti, colori e formati. Per i cibi dolci andranno benissimo la pasticceria mignon, i biscotti da tè e goloserie assortite. Quanto alle bevande, tè e cioccolata calda oppure (a seconda della stagione) bibite, succhi di frutta, frullati e acqua minerale. Se si tratta di una festa di compleanno, non dovrà mancare la tradizionale torta.

D come DECORAZIONI. Un simpatico suggerimento: con prezzemolo, ravanelli e peperoncini si possono comporre piccoli centritavola. Sparpagliati qua e là rallegreranno l'ambiente!

E come ESAGERAZIONI. Se uno degli invitati « passa la misura » o tenta in ogni modo di mostrarsi spiritoso con atteggiamenti di dubbio gusto che infastidiscono gli altri, evitate le scenate, ma prendetelo da parte e, in maniera ferma e decisa, chiedetegli di smettere. Se prosegue… indicategli la porta!

F come FIORI. Se qualcuno vi porta in dono un mazzo di fiori, evitate di appoggiarlo sulla tavola imbandita o (peggio che peggio!) sul davanzale: sono posizioni ad alto « rischio di caduta »!

G come GIOCHI DI SOCIETÀ. Prima dell'arrivo degli ospiti preparate dei giochi di società (vanno benissimo carte, monopoli, domino...): nel caso la festa dovesse languire o più nessuno avesse voglia di ballare vi verranno in soccorso! Se vi va e la compagnia è quella giusta, potrete anche organizzare una divertente caccia al tesoro.

H come HO IL RAFFREDDORE! Se all'ultimo momento vi accorgete di essere ammalate e di non poter fare la tanto sospirata festa, affrettatevi a telefonare agli invitati o correrete il rischio di trovarveli a casa con grave imbarazzo di tutti. Se il tempo stringe e voi siete proprio molto giù a causa dell'influenza, chiedete alla mamma o a un altro familiare di aiutarvi a fare le telefonate.

I come INVITI. Per comunicare agli invitati il posto, l'ora e il giorno della festa vanno benissimo telefono, sms, e-mail o invio postale. In quest'ultimo caso, si può dare al tradizionale e un po' troppo formale cartoncino un carattere più spiritoso e simpatico decorandolo con ritagli di giornale, pezzetti di stoffa, *paillettes*, perline e altro.

L come LITI. Se alcuni invitati hanno uno screzio, non entrate in merito alla questione e non schieratevi con l'una o l'altra fazione o comprometterete la festa. Fate finta di nulla: prendete un piatto di dolcetti e offritelo in giro e, se la tempesta non si placa, fate suonare un disco e invitate tutti i presenti a ballare.

M come MUSICA. Qualcuno ha detto che la vita senza musica è come il mare senza l'acqua! Forse ha un po' esagerato, ma di certo per la buona riuscita di una festa la colonna sonora è importante. Scegliete in anticipo i CD che intendete far passare nel corso della serata e impilateli vicino allo stereo in modo da averli sempre a portata di mano e poi, mi raccomando.... okkio al volume!

N come NON MI DIVERTO! Se qualcuno degli inviati non si diverte, si annoia o sta in disparte, cercate di coinvolgerlo presentandogli gli altri amici e offrendogli qualcosa da bere o da mangiare.

O come ORDINE. Quando la festa è finita, non vale defilarsi! Bisogna aiutare la mamma a rimettere tutto in ordine.

P come PRECAUZIONI. Durante le feste, soprammobili, piante, vasi, tappeti e quant'altro di pregio c'è nel raggio di un chilometro... corrono seri rischi! Meglio metterli al sicuro, magari in un'altra stanza.

Q come QUALCHE GUAIO. Se, nonostante le precauzioni (vedi punto precedente), qualche amica sbadata fa cadere un oggetto prezioso o rovescia l'aranciata sul divano, non perdete la calma. Anzi, rassicurate la vostra amica sorridendo stoicamente e fate sparire i «resti mortali» con un sol colpo di scopa e paletta!

R come REGALI. Se qualcuno degli invitati porta un dono, è buona regola scartarlo subito e mostrare di averlo gradito, anche se dovesse trattarsi della dodicesima copia di *Vedo rosa*!

S come SELF SERVICE. Preparate i cibi e le bevande sulla tavola imbandita e invitate gli amici a servirsi da soli. Questo contribuirà a scatenare allegria e ad aumentare l'affiatamento.

T come TAVOLA IMBANDITA. Quando è possibile, è meglio accostare il tavolo alla parete: ci sarà più spazio per muoversi e ballare e si eviteranno i rischi di far cadere i cibi. Piatti e bicchieri, rigorosamente di carta, andranno disposti in modo pratico (così che tutti possano servirsi comodamente) e armonioso, cercando di accordare forme, colori e contenuti. Non possono mancare fiori o decorazioni.

U come ULTIMO o ULTIMA. Se l'ultimo degli invitati non se ne vuole proprio andare, evitate di sbadigliare, chiedergli «che ora è?» o spingerlo verso la porta, ma ascoltatelo «coraggiosamente» fino a che non avrà terminato.

V come VICINI DI CASA. Se si lamentano perché la musica è troppo alta o il rumore li infastidisce, non siate scortesi: fate le vostre scuse e cercate di ridimensionare il «volume della festa». Potrebbero aver ragione.

Z come ZOCCOLI, SCARPE CON I TACCHI E ALTRO. Vanno evitati accuratamente per non disturbare le persone che vivono sotto di voi. Per essere sicuri di non contrariare i condomini potreste organizzare un «calzetton-party», specificando agli invitati di giungere sul posto con calzettoni, guanti e cappello in tinta. In alternativa (a seconda della stagione) un «pareo-party» ossia una festa in stile hawaiano e a piedi nudi. Piccolo premio per l'abbigliamento più divertente.

PARIGI-HOLLYWOOD

Il cinema, « la fabbrica dei sogni »

La nascita del cinema si deve a Louis e Auguste Lumière. La prima proiezione cinematografica avvenne al Gran Café del Boulevard des Capucines di Parigi il 28 dicembre 1895. In quell'occasione i due inventori mostrarono (a pagamento!) l'apparecchio da loro brevettato con il nome di *cinématographe* e proiettarono scene di vita quotidiana come l'arrivo di un treno e l'uscita di alcuni operai dalla fabbrica.

La grande intuizione che avrebbe portato i Lumière alla fama e al successo mondiale consisteva nell'aver fatto di un semplice esperimento ottico un investimento commerciale. I due fratelli francesi avevano compreso per primi che l'interesse del pubblico e il conseguente tornaconto monetario non erano legati all'invenzione in quanto tale, bensì a ciò che veniva proiettato.

Ma il successo di Louis e Auguste, per quanto grande, fu di breve durata. Infatti nel 1900, a seguito dell'incendio del Bazar della Charité, i due si videro costretti a vendere i diritti dell'invenzione a Charles Pathé. Intanto anche il neonato cinema mutava rapidamente: i miglioramenti tecnologici rendevano più piacevole la visione al pubblico, mentre nuovi autori davano vita a pellicole destinate a sostituire le « ormai vecchie » opere dei Lumière.

Si passò così dalla semplice riproduzione della realtà

a veri e propri documentari nei quali venivano ripresi fatti di cronaca, cerimonie, guerre, cataclismi, competizioni sportive e altro. Fu un grosso passo avanti: in questo modo, infatti, il pubblico si sentiva coinvolto in eventi ai quali, senza l'insostituibile apporto del «cinematografo», non avrebbe mai potuto assistere.

Georges Méliès fu il primo a sfruttare le potenzialità artistiche dell'invenzione dei Lumière, sostituendo alla cronaca pura e semplice la fantasia scenica. Era nata la «fabbrica dei sogni», capace di far piangere, ridere e fantasticare. In breve, la nuova forma di spettacolo conquistò uomini e donne di tutto il mondo: nelle sale si proiettavano brevi e semplici storie, ma l'immagine muta (il sonoro arriverà solo negli anni Venti) le rendeva facilmente comprensibili anche a persone di culture e Paesi diversi.

«L'invenzione del secolo» non aveva lasciato indifferenti gli americani che, già nel 1896, avevano realizzato delle proiezioni interamente curate da T.A. Edison. Nel 1905, il cinema americano era già diventato un fenomeno di massa, tanto che a Pittsburgh venne inaugurato un «nichel-odeon», ossia un teatro popolare dove, per pochi centesimi, si poteva assistere alla proiezione di una pellicola della durata di dieci-quindici minuti. La mecca del cinema Usa, inizialmente rappresentata da New York, si trasferirà poi a Chicago e infine in California dove, più in là negli anni, un sobborgo di Los Angeles chiamato Hollywood diverrà la capitale mondiale del cinema. Il resto è storia nota.

BALLANDO BALLANDO

Intervista a Ilario Ricci
dee-jay

Musica, giovani e discoteche. Vogliamo entrare in argomento?

Paradossalmente i giovani che vengono in discoteca non lo fanno (o almeno non esclusivamente) perché amano o conoscono a fondo la musica, ma per soddisfare un bisogno di aggregazione. La discoteca è per loro il luogo « alla moda » dove possono trovare gli amici, vedere al lavoro dee-jay famosi, scaricare le tensioni. La musica è soltanto un accessorio. Raramente arrivano in pista musicalmente preparati, è il dee-jay che dà un'impronta personale a quella determinata discoteca. Da questo punto di vista direi che il dee-jay ha la funzione di « educatore musicale »: è lui che si informa, si documenta e segue le novità discografiche. Poi, dopo averle esami-

nate, sceglie quelle che ritiene più « giuste » e le sottopone al pubblico durante le serate. Certo non sempre tutte le cose proposte « incontrano », ossia vengono recepite in maniera entusiastica, ma per lo più il meccanismo funziona. Quindi quello che fa tendenza e viene passato in discoteca non è ciò che il pubblico vuole, ma ciò che crede di volere e ha invece passivamente assorbito.

È cambiato qualcosa nel rapporto dei giovani con la musica rispetto al passato?

Si è notevolmente abbassato il livello di età. Oggi i maggiori frequentatori di discoteche sono gli adolescenti. E si sa che gli adolescenti cambiano rapidamente gusti e interessi, per questo chi fa il mio lavoro ha necessità di adeguarsi, se non addirittura precederli. D'altra parte anche la musica, non solo quella che passa nelle discoteche, è in continua evoluzione, cambia di anno in anno. Attualmente si ascolta molta *house*, vanno fortissimo i ritmi elettronici e i remix, ma si sta facendo spazio anche il rap, anzi direi che il rap rappresenta il più grande fenomeno musicale degli ultimi tempi.

C'è una certa tendenza a demonizzare le discoteche e a considerarle « luoghi di perdizione ». Lei che è un operatore del settore che cosa ne pensa?

Credo che sia sbagliato il ragionamento da cui questi giudizi traggono origine. Le discoteche sono frequentate da persone e le persone non sono tutte uguali, non si può generalizzare. I giornali troppo spesso portano alla ribalta solo il lato oscuro di questo ambiente. Fatti di cronaca molto dolorosi come le cosiddette « stragi del sabato sera » fanno riaprire ciclicamente il dilemma « discoteche sì, discoteche no », trascurando un aspetto non secondario: i frequentatori di questi locali sono migliaia e quelli che si rendono protagonisti di tali deplorevoli episodi sono alcune decine. Il ragionamento dell'uomo della strada dopo aver ascoltato le notizie dei telegiornali è più

o meno questo: « Un tipo "strafatto" ha causato una strage. Il tipo veniva da una discoteca. In discoteca sono tutti "strafatti" e pericolosi ». Ma non è così, non sempre e non in tutti i luoghi.

Allora i genitori dei giovani che vanno in discoteca possono stare tranquilli?

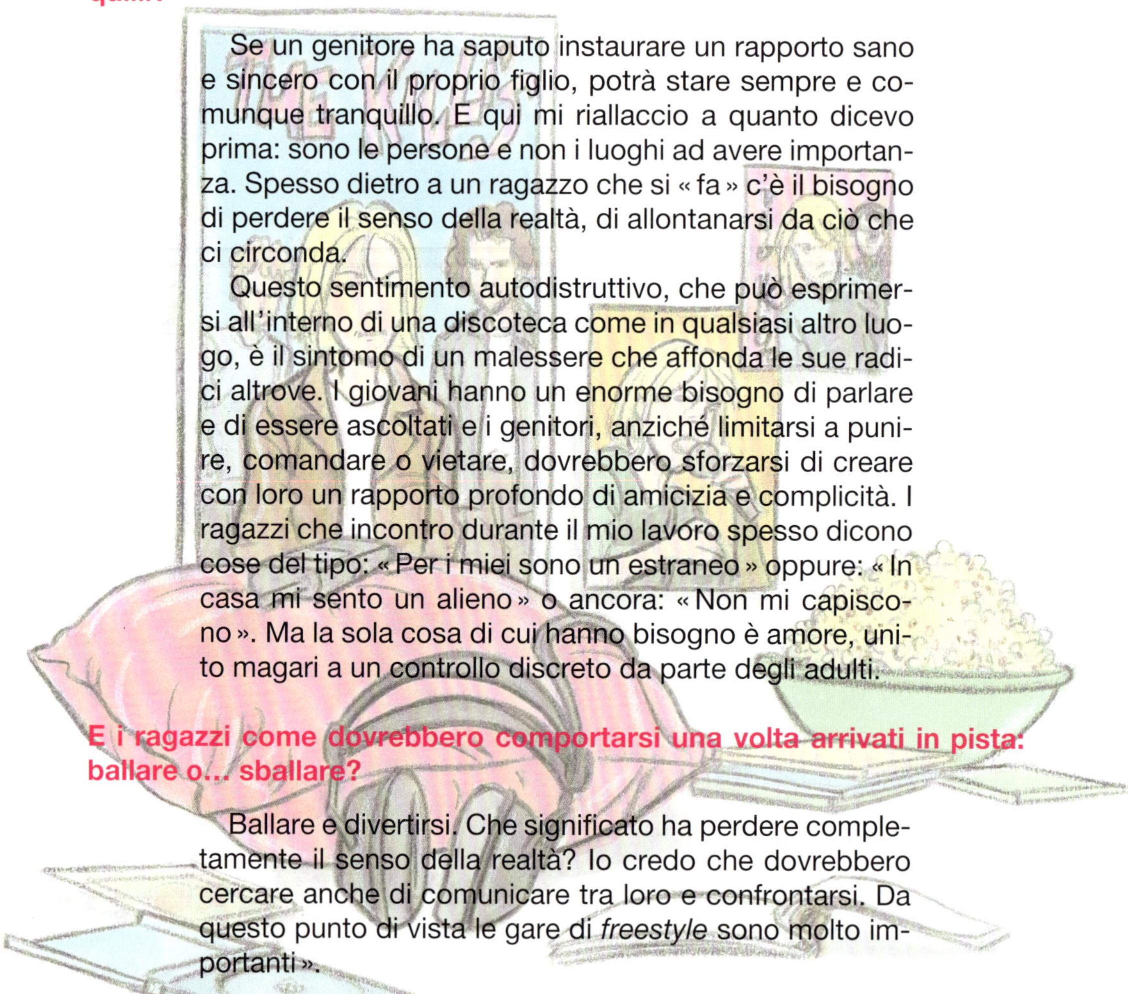

Se un genitore ha saputo instaurare un rapporto sano e sincero con il proprio figlio, potrà stare sempre e comunque tranquillo. E qui mi riallaccio a quanto dicevo prima: sono le persone e non i luoghi ad avere importanza. Spesso dietro a un ragazzo che si « fa » c'è il bisogno di perdere il senso della realtà, di allontanarsi da ciò che ci circonda.

Questo sentimento autodistruttivo, che può esprimersi all'interno di una discoteca come in qualsiasi altro luogo, è il sintomo di un malessere che affonda le sue radici altrove. I giovani hanno un enorme bisogno di parlare e di essere ascoltati e i genitori, anziché limitarsi a punire, comandare o vietare, dovrebbero sforzarsi di creare con loro un rapporto profondo di amicizia e complicità. I ragazzi che incontro durante il mio lavoro spesso dicono cose del tipo: « Per i miei sono un estraneo » oppure: « In casa mi sento un alieno » o ancora: « Non mi capiscono ». Ma la sola cosa di cui hanno bisogno è amore, unito magari a un controllo discreto da parte degli adulti.

E i ragazzi come dovrebbero comportarsi una volta arrivati in pista: ballare o... sballare?

Ballare e divertirsi. Che significato ha perdere completamente il senso della realtà? Io credo che dovrebbero cercare anche di comunicare tra loro e confrontarsi. Da questo punto di vista le gare di *freestyle* sono molto importanti ».

Che cosa sono le gare di *freestyle*?

Si tratta di « scontri a suon di rima » per mezzo dei quali bande di ragazzi o singoli possono confrontarsi e « battersi » pacificamente, cioè senza il ricorso alla violenza. Consentono di misurarsi sul piano verbale e musicale dicendosi apertamente le cose che si pensano senza arrivare allo scontro fisico. Sono importanti perché esprimono il bisogno giovanile di «farsi sentire». Sono un prodotto tipico della cultura musicale americana, ma dopo il successo del film *8 Mile* interamente incentrato su questo fenomeno, stanno diffondendosi rapidamente anche in Italia. Gli incontri di *freestyle* si svolgono in questo modo: due aspiranti rappers si sfidano a turno, ognuno ha meno di un minuto di tempo per improvvisare il suo brano e il vincitore è decretato dal pubblico in sala che esprime il proprio gradimento con gli applausi.

Che cosa rappresenta per lei la musica?

Tutto! Amore, emozioni, gioia. È un modo per esprimermi e liberarmi da ogni tensione e negatività. Mi reputo una persona molto fortunata perché ho potuto trasformare una passione in una professione.

L'interprete italiano che preferisce...

Premetto che non sono un appassionato di musica italiana, tuttavia in passato ho apprezzato molto i Litfiba. Mi riferisco ai Litfiba prima maniera, quelli precedenti alla defezione di Pelù, per intenderci.

... e quello straniero?

Difficile rispondere, il panorama musicale è popolato da molti e grandissimi nomi. Ieri come oggi ci sono stati artisti che con la loro musica hanno saputo regalarci emozioni indimenticabili, posso solo citarne alcuni come Depeche Mode, Nirvana, The Doors, Inxs... ma l'elenco potrebbe allungarsi all'infinito.

Musica e impegno sociale: che cosa ne pensa?

Quando si parla di musica e di impegno sociale, la mente corre inevitabilmente a Bono e Jovanotti, due personaggi grandissimi non solo sul piano musicale, ma anche e soprattutto su quello umano. Il loro esempio dovrebbe essere di insegnamento per molti: oggi più che mai c'è bisogno di sottolineare l'importanza di valo-

ri come la pace e la solidarietà. Il fatto che artisti famosi parlino di queste cose può contribuire ad abbattere il muro dell'indifferenza. Tuttavia vorrei sottolineare che ciascuno di noi può fare qualcosa per gli altri. Non è indispensabile essere personaggi pubblici per rendersi utili al prossimo, anche con gesti piccolissimi. Per esempio, la moneta che ti «balla» fastidiosamente in tasca può rappresentare molto per un senzatetto.

Lei fa volontariato o svolge attività analoghe?

Non mi piace parlare di quello che faccio per gli altri, odio il buonismo e l'ostentazione e credo che mai come in questo caso valga il detto: «Fai del bene e scordalo, fai del male e pensaci». E poi, raccontando in giro certe cose, mi sentirei come quello che dopo una conquista amorosa corre al bar a riferirla agli amici. Non ho la notorietà di Jovanotti o Bono e dubito che parlarne possa servire da esempio. Una cosa però voglio dirla, è una banalità, ma può contribuire a chiarire il ragionamento che stavo facendo in precedenza: io sono un dee-jay e per me il look è importante, perciò cambio frequentemente abbigliamento. Ma gli abiti smessi, anziché buttarli nelle immondizie, li porto nei centri di raccolta per i poveri. Piccoli gesti…

Che cosa pensa di personaggi come Marilyn Manson?

È un prodotto commerciale (un po' come Eminem), un artista «studiato a tavolino», dietro al quale ci sono innegabili qualità artistiche, ma ancor più innegabili attività di marketing. Con questo non voglio certo sminuire le doti di Manson, va benissimo ascoltarlo, un po' meno – credo – imitarne certi atteggiamenti estremi. Anche perché lui porta sul palco uno spettacolo con il quale vuole trasgredire, stupire e far parlare di sé, ma si tratta solo di uno show, e come tale va considerato…

Due parole per definire se stesso…

Sono un estroverso, amo la musica e nel mio campo sono un perfezionista, ma nel profondo mi ritengo un solitario. Anche quando lavoro e sono tra la gente mi sento solo con la mia musica.

Qual è stato il complimento più bello che ha ricevuto?

Le lodi al mio lavoro sono sempre gratificanti. Tuttavia penso che le cose veramente importanti siano quelle che abbiamo dentro. È questa la ragione per cui mi sono sentito molto lusingato quando mi hanno definito una persona pulita.

SI' VIAGGIARE

Vacanze studio

Quante ragazze sognano di andare all'estero, conoscere nuove persone, fare esperienze « elettrizzanti » e, ovviamente, migliorare le proprie conoscenze linguistiche? Molte, forse tutte, di certo la maggioranza, ma il metodo « turista fai da te » non sempre si rivela il migliore né il più sicuro.

In primo luogo perché le lingue imparate sui banchi di scuola non sono sufficienti a garantire un'adeguata comprensione di quelle parlate nei Paesi d'origine (così, una volta giunte a destinazione, si corre il serio rischio di ritrovarsi nella totale incapacità di chiedere anche la più banale delle informazioni e, peggio che peggio, di comprendere la risposta dell'« indigeno »).

Inoltre viaggiare senza organizzazione, non avere referenti nel luogo scelto come meta e spostarsi con mezzi di fortuna (tipo autostop) può portare a fare brutti incontri. Meglio quindi rivolgersi a un'agenzia in grado di pianificare viaggi e permanenze all'estero eliminando ogni tipo possibile di rischio e garantendo soggiorni piacevoli.

Le possibilità di sistemazione e studio sono molteplici così da adattarsi a ogni esigenza. Si va dalla tradizionale famiglia

ospitante, ai college, fino alle residenze studentesche. Le famiglie vengono « selezionate » ed « esaminate » accuratamente dagli organizzatori; in tal modo chi propende per questo tipo di sistemazione è certo di trovarsi di fronte a persone affidabili, oneste e disponibili. È la scelta ideale per chi vuole imparare una lingua attraverso le sue espressioni più tipiche, inoltre consente di immergersi nelle tradizioni e nella vita quotidiana del Paese in cui si soggiorna.

I college e le scuole private consentono agli studenti la sistemazione in camere doppie o multiple e l'uso delle attrezzature comuni tra cui piscine, impianti sportivi, biblioteche e altro, nonché, ovviamente, la frequenza dei corsi di studi. Rappresentano la giusta opportunità per quanti vogliano conoscere coetanei di varie nazionalità e usufruire delle strutture didattiche più qualificate, e offrono un servizio di mezza pensione o pensione completa di tipo alberghiero.

Le residenze studentesche, infine, pur mantenendo le stesse caratteristiche della vita al college, consentono, oltre al semplice pernottamento, l'uso di una cucina comune dove preparare pranzi e cene secondo i propri gusti.

Ciascuna soluzione permette di approfondire o imparare la lingua del Paese oggetto del viaggio studio attraverso insegnanti qualificati. Al termine di ciascun corso le varie scuole possono rilasciare un attestato di frequenza oppure, a seconda del grado di preparazione dello studente, consentire di sostenere gli esami di diploma presso alcuni dei più prestigiosi istituti europei o statunitensi.

Molte agenzie si occupano anche del tempo libero degli allievi e organizzano, attraverso i loro animatori, feste, gite, cene in locali tipici e molte altre attività. In tal modo gli studenti « imparano divertendosi », perché durante queste attività ricreative è sempre e comunque richiesto loro l'uso della nuova lingua.

Quindi, per concludere: prima di avventurarsi in viaggi che, nella migliore delle ipotesi non porteranno a nulla di positivo e nella peggiore provocheranno una serie di grane, meglio rivolgersi a un'agenzia seria e di consolidata esperienza capace di indicare il tipo di soggiorno e di corso di studio più giusto. Se poi un viaggio organizzato costa qualche euro in più rispetto all'avventura... beh, si può sempre iniziare a risparmiare tagliando le spese superflue. Un salvadanaio può costituire un buon inizio e di certo anche mamma e papà apprezzeranno!

QUA LA ZAMPA

Intervista a Gianni Tramaloni
veterinario

«Vorrei un animale...». Bambini e adolescenti rivolgono spesso questa richiesta ai genitori. Vogliamo esaminare gli aspetti di un *ménage à trois* con un cane o un gatto?

Il rapporto con un animale domestico è molto gratificante sul piano dell'affettività. Le bestiole ci danno molto, ma bisogna tenere presente che prendere un animale significa esserne responsabili in tutto e per tutto. Chi decide quindi di dividere la sua vita con un cane o un gatto deve avere ben chiaro questo concetto. E quando dico «esserne responsabili», non intendo solo nutrirlo, ma anche portarlo fuori, vaccinarlo, giocare con lui, trovare tempo da dedicargli...

Quindi chi intenda prendere con sé un cucciolo deve prima interrogarsi sulle sue presunte potenzialità di buon padrone?

Non solo, dovrebbe anche chiedersi perché lo vuole. Troppo spesso le persone (non necessariamente i giovani) sono mosse a una scelta di questo tipo da ragioni di moda. L'impennata nella vendita di cani di razza dalmata in occasione dell'uscita di film in cui essi erano protagonisti ne è un chiaro esempio. Ma le mode passano e i cani restano e poi… abbaiano, fanno pipì e pretendono attenzione. Quindi, se non si hanno il tempo e la voglia da dedicare loro, molto meglio lasciar perdere. Un'altra cosa che mi preme sottolineare è il tipo di legame che si intende instaurare: un cane o un gatto non potranno mai dar vita a un rapporto sostitutivo di quello umano. Non saranno mai il figlio che avremmo voluto, o gli amici che ci sono mancati. Certo gli animali sanno darci un amore e una dedizione grandissimi, ma sempre all'interno di un rapporto tra specie diverse.

Tutto ciò per dire che è giusto amare gli animali, ma… nel modo giusto?

Proprio così. Le faccio un esempio: trattare un cane «da cane» significa volere il suo bene. In natura questi animali vivono in branchi organizzati secondo rigidi schemi gerarchici con al vertice il capobranco, che solitamente è l'esemplare più forte e di maggior esperienza. In cattività il cane ha necessità di instaurare con il padrone una relazione che ricalchi questo schema. Se ciò non avviene, l'animale decide suo malgrado di guidare il gruppo, ma la scelta gli comporta stress e disorientamento. Per quanto riguarda i gatti, bisogna tener presente che sono carnivori: alimentarli con bocconcini e prelibatezze tipicamente umane può essere molto pericoloso per la loro salute.

Si può tenere un animale in appartamento o è necessario avere un giardino?

Se devo essere sincero, diffido sempre un po' di quelle persone che per non prendere un animale si trincerano dietro a frasi del tipo: «Le bestie mi piacciono, ma non ho il giardino!», «Adoro gli animali ma… fuori casa!». Spesso sono banali scuse sollevate da chi le bestie non le ama affatto. È possibile tenere animali anche in appartamento, si tratta solo di scegliere la soluzione più adatta per loro e per noi e, ancora una volta, di mostrarsi responsabili.

Gli animali non vanno presi e poi « parcheggiati » in casa perché il lavoro, la palestra e gli amici ci impediscono di trovare tempo da dedicare loro. In questo senso la casa non è il luogo più idoneo, a causa di un comportamento nel quale si sommano assenza e indifferenza. Se viceversa il padrone trova il tempo per portare a spasso il cane o per giocare con il suo gatto, il luogo passa in secondo piano. Va da sé che, se vivo in un monolocale di venticinque metri quadrati, un terranova o un san Bernardo non sono propriamente i cani ideali...

Da qualche tempo dilaga la passione per l'animale esotico. Lei che cosa ne pensa?

Penso che si tratti solo di una questione di moda e raramente di vera passione, anche perché gli animali esotici necessitano di grandi cure: crescerne uno implica documentarsi e studiare per conoscere non soltanto l'animale, ma anche il suo habitat naturale, l'alimentazione, la psicologia... Per avere un'iguana o un pitone è sufficiente entrare in un negozio e acquistare l'animale, ma poi si torna a casa e allora iniziano i problemi.

Quali problemi?

Beh, ad esempio, mi chiedo quanti sappiano che i pitoni si nutrono di... topi vivi! Oppure che questi rettili, per vivere, necessitano di teche riscaldate, perché le nostre temperature sono per loro troppo basse. Per non parlare dei grossi felini. Tigri, leoni, pantere e affini hanno bisogno di muoversi all'interno di ampi spazi e, per quanto si tratti di animali nati in cattività da molte generazioni, considerarli « animali domestici » costituisce comunque una grossa imprudenza. Quindi, se si desidera prendere un animale, meglio orientarsi verso qualcosa di « tradizionale » e lasciare serpenti e coccodrilli a pochi e appassionati studiosi.

Molte coppie si lamentano perché dopo la nascita di un figlio i rapporti con il loro animale domestico si sono « complicati ». Secondo lei, bambini e animali formano una miscela esplosiva?

Al contrario, la presenza di un animale contribuisce a responsabilizzare il bambino più grandicello e aiuta i piccini a spostare l'attenzione da sé al mondo esterno, compiendo un passo molto importante nel processo della crescita. Quindi non esistono ostacoli reali che impediscano la convivenza di bambini e animali all'interno dello stesso gruppo familiare. I problemi sorgono semmai a seguito di errori comportamentali da parte dei padroni. Spesso i neogenitori, dopo la nascita di un figlio, tendono a concentrare tutte le energie e le attenzioni sul nuovo nato, estromettendo completamente dalla vita familiare la bestiola. Il risultato è che il cane o il gatto, sentendosi all'improvviso emarginato, dimostra il suo disagio nel solo modo che conosce: abbaiando, miagolando, sporcando fuori dalla lettiera, eccetera. Salvo rari casi, le richieste d'aiuto e di attenzione vengono scambiate dai padroni per capricci e quello che fino a poco prima era stato il miglior amico dell'uomo si trasforma, se non in un nemico, in un fastidioso seccatore da allontanare da casa per il bene di tutti. Non c'è bisogno di dire che la colpa di tutto ciò è dei padroni, ma le conseguenze più pesanti ricadono sugli animali.

Quale sarebbe, invece, il comportamento corretto?

Basta poco: un clima di serenità e complicità tra cucciolo d'uomo e animale domestico è sufficiente per coinvolgere la bestiola nei cambiamenti familiari. Io, ad esempio, consiglio ai miei clienti di far annusare al proprio cane o gatto gli abitini del neonato quando questi è ancora in ospedale. Oppure di coccolarlo in presenza del bambino, di parlargli con dolcezza, di premiarlo e indulgere su qualche miagolio o latrato di troppo. In altre parole, rassicurarlo facendogli capire che non ha perduto l'affetto dei padroni, ma al contrario ha acquistato quello del nuovo arrivato.

Oltre a quelli esaminati, quali sono gli errori più frequenti commessi dai possessori di animali?

Il più diffuso è certamente l'eccesso di buonismo. I cani, ma anche i gatti, necessitano di regole perché questo fa parte della loro natura. La mancanza di un sistema comportamentale definito, ben lungi dal farli sentire liberi e felici, li disorienta e in alcuni casi li porta a rimanere vittima di stress e ansie.

Alcune regole per Fido…

Il padrone deve chiarire da subito a chi spetta la posizione dominante. Non si tratta di una sorta di prova di forza tra uomo e animale, ma di un meccanismo di rassicurazione. Il capobranco, a cui accennavo prima, ha il compito di procacciare il cibo, prendere decisioni e proteggere il gruppo anche a costo della propria vita. Il cane che vive in cattività deve trovare queste caratteristiche nel padrone. Se ciò non avviene, l'animale può sentirsi costretto ad assumere, suo malgrado, il ruolo di leader, ma questa decisione è tutt'altro che indolore, anzi genera in lui ansia e disagio (basti pensare all'impossibilità da parte del cane di procacciarsi autonomamente del cibo) e, una volta imboccata, questa strada compromette seriamente i rapporti con l'uomo.

Quali sono, in sintesi, le regole da adottare?

Il cane, in linea generale:

- deve mangiare sempre dopo il padrone;
- non deve mai essere all'altezza (nel senso fisico) del padrone, quindi non deve salire su letti, divani, poltrone;
- non può né deve prendere iniziative autonome;
- deve essere gratificato quando si comporta bene o esegue un comando;
- non deve mai essere picchiato ma, al limite, rimproverato.

Inoltre:

- se cane e padrone si trovano davanti a una porta o a una strettoia, il padrone dovrebbe sempre passare per primo;
- il padrone deve dimostrare coerenza comportamentale, non deve mai adottare atteggiamenti immotivati, né impartire ordini assurdi o impossibili.

Queste regole dovranno essere piuttosto rigide nei primi tre-quattro mesi di vita dell'animale, per poi attenuarsi gradualmente con il passare del tempo se il soggetto lo permette. Infatti, dopo aver « messo i paletti », si può consentire al proprio cane di prendersi delle libertà, come ad esempio dormire sul letto del padrone oppure precederlo attraverso la porta. D'altra parte, a tutti piace viziare un po' il proprio cane…

Alcuni suggerimenti per Micio…

I gatti sono sensibilissimi ai cambiamenti, anche a quelli per noi poco significativi. Una diversa marca di cibo in scatola, un cambiamento d'orario o un'assenza prolungata del padrone possono ingenerare ansia e preoccupazione, provocando da parte del micio « risposte » per così dire… indesiderate. Il più tradizionale dei segnali d'allarme è costituito dalla pipì fuori dalla lettiera, ma gli atteggiamenti variano da soggetto a soggetto e si può arrivare anche ad anoressia o bulimia. Un padrone attento non tarderà ad accorgersi di eventuali cambiamenti e delle cause che li hanno generati; la cosa fondamentale è rendersi conto che non si tratta di dispetti, ma di sintomi di disagio.

E passiamo alle regole da adottare.

Il gatto ha una personalità più complessa rispetto al cane, pertanto ogni singolo punto merita alcune considerazioni.

Semplicità. - Il gatto in natura non vive in branchi e, tranne nel periodo degli amori o per le lotte territoriali, non intrattiene rapporti sociali con i propri simili. Non ha quindi attitudine all'obbedienza e alla sottomissione. È perciò buona norma impartire poche e semplici norme di comportamento, senza pretendere troppo e senza fare richieste che comunque resterebbero insoddisfatte.

Gioco. - Il gatto è un animale ludico, adora giocare, ma soprattutto adora giocare con il padrone. Può tuttavia capitare che passi la misura e, se ciò avviene, è meglio che il padrone interrompa la lotta. Nel caso di cuccioli, al *break* si può far seguire un lieve colpetto sul muso del focoso « tigrotto ». Ci tengo a precisare che per il gatto vale quanto detto in precedenza per il cane: non deve mai essere picchiato. Lo scappellotto sul muso può essere utile per risvegliare nel micio un atavismo materno. Mamma gatta, infatti, per tranquillizzare i cuccioli irrequieti, li colpisce in modo deciso ma lieve.

Topi & C. - Se il gatto torna a casa con un topolino o una lucertola, non bisogna punirlo, ma al contrario gratificarlo: ci sta facendo un dono molto prezioso. Cedere la preda al padrone è per Micio un modo di ringraziarlo per le cure e le attenzioni che riceve.

Unghie. - Se « si fa le unghie » su poltrone e divani, il padrone deve indirizzare il proprio gatto verso un tiragraffi: in commercio ce ne sono moltissimi, di dimensioni e materiali diversi, ma sono da preferire quelli in tessuto a trama verticale.

Nei confronti degli animali dimostrano più senso di responsabilità i giovani o gli adulti?

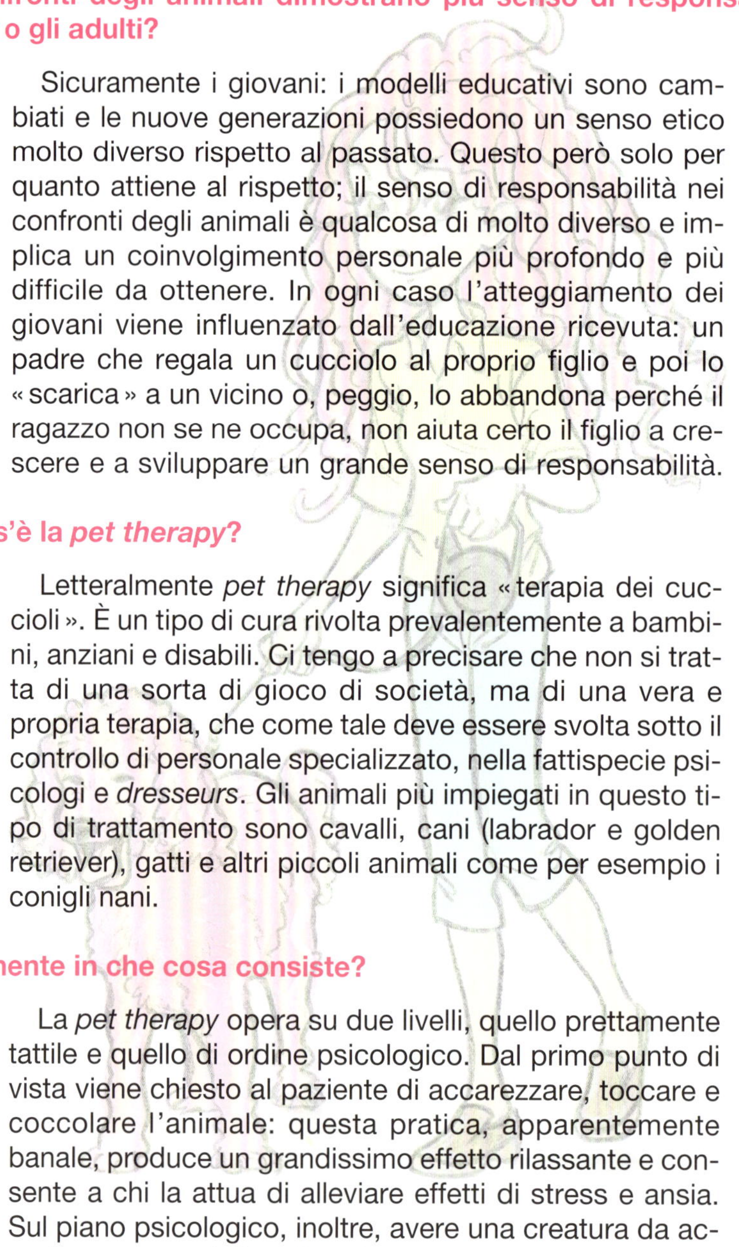

Sicuramente i giovani: i modelli educativi sono cambiati e le nuove generazioni possiedono un senso etico molto diverso rispetto al passato. Questo però solo per quanto attiene al rispetto; il senso di responsabilità nei confronti degli animali è qualcosa di molto diverso e implica un coinvolgimento personale più profondo e più difficile da ottenere. In ogni caso l'atteggiamento dei giovani viene influenzato dall'educazione ricevuta: un padre che regala un cucciolo al proprio figlio e poi lo «scarica» a un vicino o, peggio, lo abbandona perché il ragazzo non se ne occupa, non aiuta certo il figlio a crescere e a sviluppare un grande senso di responsabilità.

Che cos'è la *pet therapy*?

Letteralmente *pet therapy* significa «terapia dei cuccioli». È un tipo di cura rivolta prevalentemente a bambini, anziani e disabili. Ci tengo a precisare che non si tratta di una sorta di gioco di società, ma di una vera e propria terapia, che come tale deve essere svolta sotto il controllo di personale specializzato, nella fattispecie psicologi e *dresseurs*. Gli animali più impiegati in questo tipo di trattamento sono cavalli, cani (labrador e golden retriever), gatti e altri piccoli animali come per esempio i conigli nani.

Esattamente in che cosa consiste?

La *pet therapy* opera su due livelli, quello prettamente tattile e quello di ordine psicologico. Dal primo punto di vista viene chiesto al paziente di accarezzare, toccare e coccolare l'animale: questa pratica, apparentemente banale, produce un grandissimo effetto rilassante e consente a chi la attua di alleviare effetti di stress e ansia. Sul piano psicologico, inoltre, avere una creatura da accudire responsabilizza il paziente e lo aiuta a liberarsi da sensi di inutilità e/o incapacità.

Vorrei affrontare un argomento molto triste: la piaga del randagismo.

È un problema molto grave, anche se di minor entità rispetto al passato, legato all'inciviltà di alcuni rappresentanti della specie umana, ma anche alla mancanza di una legislazione adeguata. Poiché, se è vero che alcuni padroni sono, per educazione e cultura, irresponsabili, è ancor più vero che non esistono, a mio avviso, punizioni adeguate per chi abbandona un animale e non si attuano interventi preventivi rivolti ad arginare il fenomeno. Nei Paesi del Nord Europa, il randagismo è un fenomeno pressoché inesistente per ragioni di carattere culturale, ma soprattutto per la presenza di leggi che tutelano realmente gli animali.

Com'è la vita di un animale chiuso in un canile?

Dura, anzi durissima. A causa del sovraffollamento, gli animali spesso vivono all'interno di spazi ristretti dove restano per mesi e a volte anni. Questo sovente segna il carattere dell'animale in maniera indelebile: molte bestie vissute per lunghi periodi in canile e poi adottate vengono «rispedite al mittente» perché le loro problematiche caratteriali rendono difficile l'inserimento in una famiglia. Per fortuna qualcosa sta cambiando, in alcuni canili sono state proposte «lezioni di educazione canina» alle quali partecipano l'aspirante padrone e il cane. Scopo di questa attività è fare in modo che uomo e animale (seguendo le indicazioni di un *dresseur*) imparino a conoscersi e ad accettarsi reciprocamente. In tal modo il padrone non avrà sorprese e il cane non dovrà subire l'umiliazione di un nuovo abbandono.

ORIGAMI

L’arte di piegare la carta

Chi non ha mai provato a costruire oggetti ornamentali piegando in mille modi un foglio di carta? Non si tratta però di una semplice tecnica attraverso la quale realizzare modelli di animali, fiori, oggetti decorativi o di utilità, bensì di una vera e propria, nonché antichissima e nobile, arte. Il termine «origami», di derivazione giapponese, letteralmente significa «piegare la carta», da *ori* (piega) e *kami* (carta), e costituisce un hobby assai diffuso.

Le sue origini si perdono nella notte dei tempi, pertanto la sua «data di nascita» è alquanto dubbia. Ciò che però si sa con assoluta certezza è che al suo sorgere l’origami non era un semplice passatempo, ma un’attività artistica collegata a cerimonie religiose, riservata esclusivamente a specialisti di grande talento.

Anticamente la carta fatta a mano era considerata un materiale raffinato e prezioso al punto da essere largamente impiegata solo in occasioni particolari quali le cerimonie religiose. In tali occasioni i maestri di origami e i loro discepoli realizzavano complesse figure che venivano esposte all’interno dei templi nei quali si svolgevano i riti sacri.

La tecnica della piegatura della carta, inserita in tale contesto, rappresentava una vera e propria arte cerimoniale, anzi, probabilmente una delle più importanti.

Sul finire del 1700 l'origami varcò i confini del lontano Oriente per diffondersi anche in Europa, soprattutto grazie a Friedrich Froebel. Il grande pedagogo tedesco, creatore del primo asilo infantile, utilizzò infatti la piegatura della carta come un vero e proprio metodo didattico capace di insegnare ai bambini alcune semplici regole di geometria. Da allora quella che era stata l'arte sacra più nobile di tutto l'Oriente si è diffusa in ogni angolo del mondo diventando uno dei passatempi più praticati.

BONSAI

Piccolo è bello

La parola «bonsai» significa «piantato in un contenitore» e indica l'arte di coltivare alberi, ma in miniatura, dentro piccoli vasi. Scopo di questa tecnica, assai diffusa in tutto l'Oriente, è ottenere un albero di dimensioni minuscole che abbia però tutte le caratteristiche di uno di grandezza reale (fogliame, fiori, frutti...). Varie specie di piante vengono coltivate e mantenute nane per mezzo di continue potature e modellamenti ottenuti con l'utilizzo di fili metallici. Con il termine «bonsai» viene indicata tanto la procedura impiegata quanto gli alberi ottenuti.

I primi esemplari apparvero in Cina circa mille anni fa, ma fu soltanto in un secondo tempo, dopo che la tecnica venne affinata e perfezionata, che si iniziò a «esportarla». Queste piante, nonostante l'apparente fragilità dovuta alle dimensioni, se curate adeguatamente possono vivere centinaia di anni. In Giappone, dove l'arte dei mandarini cinesi si è diffusa maggiormente, le minipiante si tramandano di generazione in generazione, e vengono venerate e ammirate non soltanto per la bellezza e la longevità, ma anche perché sono il simbolo degli antenati.

In Cina, dove il culto, oltre alla cura, dei bonsai è sempre molto vivo, alcune sette buddiste ritengono che durante il ciclo delle reincarnazioni l'anima si fermi di tanto in tanto a riposare sotto un bonsai.

IKEBANA

L'arte di disporre i fiori

« Coloro i quali amano
e apprezzano profondamente i fiori,
la loro grazia, la loro bellezza,
hanno cuori che devono essere certamente
allo stesso modo così meravigliosi ».
(Okada)

Si tratta di un'antichissima tecnica orientale che consiste sostanzialmente nella disposizione di piante e fiori recisi in composizioni dalle più svariate forme e posizioni. Anche questa, come le due precedenti, deve essere considerata una vera e propria arte, ma, a differenza di origami e bonsai, l'ikebana, nel corso del tempo, ha assunto connotazioni più marcatamente culturali e spirituali. Le piante e i fiori utilizzati per le realizzazioni di ikebana vengono disposti seguendo precise procedure rivolte a rappresentare il cielo, la terra e l'uomo.

Le origini di quest'arte si fanno risalire al VI secolo d.C. Nelle prime composizioni realizzate dai maestri di ikebana, sia i rami sia i fiori venivano orientati verso il cielo in segno di fede. A partire dal XV secolo fu creato un secondo stile, più complesso, ma di migliore effetto e inoltre con forti connotazioni simboliche. Secondo la nuova tendenza i fiori venivano composti in modo da rappresentare il monte Sumeru (montagna mitica della cosmologia buddista e simbolo dell'universo).

Attualmente esistono molte varianti di ikebana, alcune semplici e alla portata di tutti, altre assai più

complesse. Tra quelle più originali, degno di nota è il *sangetsu*, che venne creato dal maestro Okada (1882-1955), fondatore tra l'altro della Sekai Kyusei Kyo, una filosofia secondo la quale la purificazione dello spirito, mirata alla salvezza, avviene attraverso la bellezza. Okada credeva nell'importanza dello sviluppo di una civiltà cosmopolita alla cui base ci fosse armonia tra materia e spirito, in opposizione a una società nella quale il materialismo acquisiva sempre maggiore enfasi. Nel suo intento, l'ikebana rappresentava un primo passo in quella direzione.

BOX CURIOSITÀ

MUSICA

1 La canzone più popolare del mondo è *Tanti auguri a te*, quella più venduta *Bianco Natale* (oltre 100 milioni di copie in tutto il mondo); il cantante premiato con il maggior numero di dischi d'oro e di platino (ben 110) è Elvis Presley.

2 Il grammofono fu inventato da T.A. Edison, che lo brevettò nel 1878.

3 La *hit parade* dei 45 giri fu pubblicata per la prima volta nel 1940 da una rivista americana.

FRASI FAMOSE

4 «Il cinema oggi rappresenta l'arte più importante» (Lenin).

5 «Il cinema è una potenza internazionale» (Pio XI).

6 «La stampa, il cinema, la radio, la televisione… costituiscono oggi le più urgenti, le più rapide ed efficaci opere di apostolato» (Giacomo Alberione).

CINEMA

7 La serie cinematografica di James Bond conta numerosi film. Si calcola che più della metà della popolazione mondiale ne abbia visto almeno uno. Sean Connery e Roger Moore compaiono nel *guinness* dei primati proprio per aver interpretato il maggior numero di film come James Bond (sette a testa).

8 La bombetta con il bordo d'acciaio usata nel film *Goldfinger* è stata venduta a un'asta di Christie's per 61.750 sterline, pari a più di 90.000 euro.

ORIGAMI

9 Chi ha inventato l'origami? I giapponesi!? Sì e no: gli spagnoli, infatti, vantano una scoperta autonoma chiamata *pajarita*. Tale tecnica, però, salvo rare eccezioni, veniva utilizzata sul tessuto.

IKEBANA

10 «Ikebana» significa letteralmente «fiori viventi», ma l'arte di disporre i fiori può essere indicata anche come Kado, cioè «via dei fiori».

ANIMALI

11 L'animale più forte del mondo è… uno scarabeo! Per l'esattezza il *dynastinae* o scarabeo rinoceronte. Questo animaletto è in grado di portare sul dorso carichi anche 850 volte superiori al suo peso.

12 Il cane più pesante di tutti i tempi è stato Aicama Zorba of La Susa. Il mastino pesava qualcosa come 155 chili!

IL DIVO

Test

DIMMI IL DIVO E TI DIRÒ CHI 6!

Quale tra i personaggi elencati di seguito ti affascina maggiormente o suscita il tuo interesse? Dopo averlo scelto leggi il profilo corrispondente e scoprirai qualcosa di più su di te!

TOM CRUISE

Il bravo ragazzo della porta accanto. Se questo è il tuo personaggio preferito, sei certamente una ragazza vivace e intelligente, ma soprattutto molto paziente. La tua qualità maggiore è infatti quella di... gettare acqua sul fuoco evitando polemiche, liti o conflitti. Questo non significa che tu sia remissiva o incapace di far valere le tue ragioni, semplicemente eviti l'arroganza e usi il buon senso.

SHARON STONE

Una donna di fascino. Se hai scelto la bionda star di Hollywood, sei decisamente un tipetto... tutto fuoco. Pensi che la vita sia una facile conquista, che tutto sia a portata di mano e che nulla possa ostacolare i tuoi desideri. Un consiglio? Torna con i piedi per terra. Se continui a ritenerti «invincibile», prima o poi finirai col restare vittima di una cocente delusione.

TOM HANKS

Un tipo che ispira fiducia. Se l'interprete dell'indimenticabile *Forrest Gump* è il divo che hai scelto, preferisci apparire un po' sotto tono piuttosto che sentirti «osservata». Sei discreta e prudente fino all'eccesso, ma anche dolce, sensibile e bisognosa d'affetto e di amicizia. Cerca di uscire dal guscio: ci sono tante ragazze che aspettano solo di fare la tua conoscenza!

NICOLE KIDMAN

La bellissima dai capelli rossi. Se questo è il personaggio che maggiormente suscita la tua ammirazione, hai un grandissimo spirito di sacrificio unito ad altre due doti da non sottovalutare: l'altruismo e la generosità. Non resti indifferente ai bisogni degli altri e sei sempre pronta a farti in quattro! Un consiglio anche per te: pensa un po' anche a te stessa.

BRAD PITT

Il sogno americano. Se è questo il divo che più ti «intriga», sei una tipetta intelligente e curiosa, alla quale spesso piace fingersi una ribelle oppure atteggiarsi a «quella che sa sempre tutto». In realtà sei dotata di un carattere aperto e fare amicizia non dovrebbe costituire per te un problema. Smetti di voler apparire più grande e più sicura di quanto non sia realmente e non aver paura di mostrarti così come sei!

E per finire... Ricominciamo!

7

Sembra incredibile, eppure siamo arrivate all'ultimo capitolo! In un batter d'occhio, pagina dopo pagina, abbiamo esaminato, a volte in maniera seria altre con un pizzico di ironia, il complesso mondo dell'adolescenza femminile.

Forse a qualcuna di voi le notizie lette saranno sembrate banali e senza troppa importanza: semplici macchioline di inchiostro sopra un foglio bianco. Eppure queste macchioline, messe le une accanto alle altre, hanno delineato un percorso molto importante che forse avrebbe meritato ulteriori approfondimenti. In effetti gli argomenti da trattare sarebbero ancora molti, ma per ragioni di spazio nelle prossime pagine ci limiteremo a occuparci di alcuni aspetti che, se non sono i più importanti, ci auguriamo possano essere almeno interessanti o curiosi.

Spesso le ragazze si lasciano andare a sogni a occhi aperti e immaginano se stesse nei panni di affascinanti eroine di epoche storiche lontane. Nelle fantasticherie delle adolescenti, la vita passata appare più romantica, semplice e « vivibile » di quella attuale: ma è proprio così? Un'esperta di storia del costume ci ha raccontato al riguardo alcune cose davvero molto interessanti sulle quali sarebbe bene riflettere. Abbiamo poi dedicato una sezione ai « mitici » anni Sessanta, cui segue un curioso ma molto istruttivo corso di bon ton *per chiudere con una vera chicca: un'intervista a una Tinny in carne e ossa.*

L'introduzione è conclusa e anche il libro sta per concludersi. Che dire ancora? Speriamo che vi sia piaciuto e, soprattutto, che sia servito a farvi « pensare » e magari a « sdrammatizzare ». Beh… adesso Tinny vi saluta ma, mi raccomando, niente malinconia! Questo è un arrivederci, non un addio!

LE DONNE 2004
VITA DI UNA DONNA NEL 900
LE DONNE NELL' 800
IL 700
LA DONNA DEL 600
IL RINASCIMENTO
LA DONNA MEDIEVALE
L'ANTICA GRECIA

IL BEL TEMPO CHE FU?!

Intervista a Bruna Zironi
esperta di storia del costume

I rapporti tra adolescenti e genitori sono spesso conflittuali. Era così anche in passato?

Come si suol dire, la storia si ripete! Nel passato le cose non andavano certamente meglio per le ragazze, anzi… Se oggi le *teenagers* si lamentano dell'indiscrezione delle madri che aprono la posta o leggono il diario, dei rimproveri con cui vengono accolte al rientro tardivo da feste private, pub o discoteche o per le critiche all'abbigliamento, ai tatuaggi o ai « vari anellini » (leggi *piercing*), è perché non sanno qual è stato il vero vissuto delle donne e delle adolescenti in epoche più lontane. Non possono saperlo perché fino a non molto tempo fa la storia è stata scritta unicamente « al maschile » e solo di recente gli studiosi sembrano essersi accorti dell'importanza del ruolo della donna nella società e nella famiglia.

Storia « al maschile »… Vogliamo chiarire questo concetto?

La storia, di qualunque epoca si tratti, è sempre « al maschile ». Perché si giunga a una « storia delle donne » occorre arrivare ai nostri giorni, percorrendo un cammino che va dai movimenti di emancipazione del Settecento fino al femminismo del ventesimo secolo.

Sulla donna ha pesato a lungo il giudizio di Aristotele, che la riteneva razionalmente debole e incapace di autodifesa, nonostante nel mondo greco-romano, così come nel Medioevo, fosse un elemento importante per la gestione della casa e la cura dei figli. Lo scarso valore attribuito alla donna nell'antica Grecia si deduce non solo dalle parole del filosofo, ma anche dal fatto che, all'interno di una famiglia, la nascita di una femmina veniva considerata una vera e propria sventura. Nell'antica Roma le cose non andavano meglio: dallo studio dei censimenti dell'epoca si apprende che le appartenenti al « sesso debole » erano totalmente trascurate, salvo le ereditiere… per motivi fiscali!

Ancora nel Seicento le donne (dame e regine) suscitavano la curiosità dei cronisti solo ed esclusivamente quali « elementi decorativi » di feste e cerimonie, oppure in qualità di indispensabili strumenti di matrimonio. Apparentemente le cose andavano un po' meglio alla corte di Luigi XIV, dove alcune signore erano riuscite a imporsi all'attenzione di storici e filosofi, ma unicamente per la conversazione brillante, la parola raffinata e… gli intrallazzi amorosi! Tra queste, alcune avevano tentato di farsi strada anche nel campo della scrittura, della poesia e del romanzo, fondando il movimento delle Preziose. Il tentativo di gettare un ponte tra cultura maschile e femminile fu però un insuccesso: il movimento venne immediatamente respinto e i suoi intenti « brutalmente » ridicolizzati dagli uomini, perfino da uno di genio come Molière, che al riguardo compose *Les Précieuses ridicules (Le preziose ridicole)*, opera nella quale sottolineava l'insensatezza (!) di queste aspirazioni.

Con il passare del tempo le cose migliorarono lentamente e oggi ciascuna donna può finalmente far sentire la sua voce ed essere ascoltata come persona il cui consenso è importante. Ma la strada è stata lunga e impervia.

Quali erano in passato le condizioni di vita delle adolescenti?

È comune alle ragazze di tutte le epoche il legame profondo con la madre che, con l'educazione, l'addestramento ai lavori domestici e la cura dei fratelli più piccoli, trasmetteva loro anche il ruolo, in una sorta di « passaggio del testimone » destinato a riprodursi nel tempo. Nell'imitazione del modello materno si perpetuava anche l'atteggiamento di sottomissione al marito e al padre che esercitava su di loro la tutela. Questo avveniva tanto in Grecia quanto a Roma, dove il capofamiglia con la *patria potestas* aveva il diritto di vita e di morte sui figli, sulla moglie e sui servi. Pur mantenendo un ruolo dominante all'interno della famiglia, il *pater*, con il trascorrere del tempo, diventerà sempre più « padre » e sempre meno « padrone », cessando di rivendicare i propri diritti, almeno nelle forme più estreme, e dimostrandosi spesso affettuoso con figlie e moglie. Non è raro infatti trovare iscrizioni dell'epoca nelle quali il capofamiglia, riferendosi alle figlie, le chiama con dolcissimi soprannomi come « uccellino » o « mammina ». È bene sottolineare che il concetto di patria potestà, pur modificato nelle sue manifestazioni più « estreme », è rimasto nel tempo ed è giunto fino a noi. Solo nel 1975 con il nuovo diritto di famiglia la patria potestà è stata sostituita dalla potestà dei genitori esercitata in comune accordo dal padre e dalla madre.

Come trascorrevano il tempo le ragazze nell'antica Roma e nell'antica Grecia?

Le ragazze non dovevano trastullarsi molto a lungo con i propri giochi e giocattoli (dalla bambola, utile per facilitare l'accettazione della propria identità femminile e del destino di madre, alla palla, nota anche ai greci, alle maschere e ai cerchi da usare nelle danze). Bisognava infatti che imparassero molto presto a cucinare, filare e tessere; che conoscessero la pittura (almeno abbastanza per saper scegliere tappeti e tendaggi per la casa, una volta sposate); che apprendessero il canto, la danza e l'uso di alcuni strumenti musicali quali l'arpa, la lira e il flauto doppio. Tutto ciò perché a dodici anni una ragazza era considerata « nubile », pronta cioè per il matrimonio, e per tale età doveva conoscere perfettamente tutti i suoi compiti. Giunte alla soglia fatidica, le future mogli-bambine offrivano agli dei i giochi dell'infanzia (allo stesso modo in Grecia le adolescenti portavano le loro bambole e i riccioli dei loro capel-

li al tempio della dea Artemide, custode della verginità, ma anche del parto).

Quale significato veniva dato a questi riti?

Erano atti simbolici, quasi di amicizia, con cui le future spose rompevano il filo che le legava all'infanzia e come tali avevano un chiaro contenuto religioso, anche se non era il solo. Attraverso queste cerimonie, infatti, in molte città greche, tra cui Atene, si cercava di integrare le donne nella vita sociale quasi per compensarle di essere escluse dalla vita politica. Il percorso umano, spirituale e sociale attraverso cui ciò avveniva comprendeva il servizio delle « arrefore » (ragazze incaricate di tessere il peplo per la dea Atena), quello delle « orse » (sacerdotesse della dea Artemide) e quello delle « canefore » (portatrici delle ceste con gli arredi per il sacrificio e le offerte durante le grandi feste Panatenaiche), che ne completava l'iniziazione. Va precisato che le ragazze chiamate a ricoprire questi ruoli erano scelte in numero molto esiguo e solo tra le famiglie aristocratiche. Grazie alle cerimonie rituali, però, la partecipazione era simbolicamente estesa a tutte le altre fanciulle della stessa fascia di età.

Ma veniamo all'educazione vera e propria...

Sia prima sia dopo l'arrivo del Cristianesimo, si insisteva particolarmente sulla verginità delle adolescenti così come sul pudore e sulla castità delle donne. Ma quello che veniva sentito come un dovere era, in una società ancora poco controllata e moralmente disordinata, una necessità. Da qui l'insistenza su norme che, una volta assorbite dall'interno, avrebbero costituito un riparo contro le insidie di un mondo ancora troppo violento e privo di regole. Nel Medioevo le adolescenti iniziano a ricevere, oltre all'educazione familiare, anche consigli e ammaestramenti da parte di predicatori e moralisti. Questo, ben inteso, purché si trattasse di giovanette appartenenti alla nobiltà. Per le altre era sufficiente l'intervento della madre.

Che cosa insegnava la madre alle proprie figlie?

Se la famiglia era aristocratica, la madre si preoccupava che le proprie figlie fossero capaci di presentarsi in società, di vestire, conversare, dirigere i servi. Inoltre si insegnava loro a danzare con eleganza, a ricamare, a suonare uno strumento musicale. Se la famiglia era di ceto medio, alle figlie veniva insegnato a tenere i conti di casa, a cucinare, a cucire e (prendendosi cura dei fratelli minori) a crescere i figli futuri. Per le classi basse non è esagerato dire che il solo elemento che le madri trasmettevano alle figlie era… come sopravvivere! Comunque, qualunque fosse l'estrazione sociale della famiglia, alle ragazze venivano impartite due regole fondamentali: la sottomissione e l'obbedienza al padre, che dopo il matrimonio si sarebbe trasformata in sottomissione e obbedienza al marito (!)

Come siamo arrivate all'odierna condizione femminile?

A partire dal Seicento, come abbiamo già accennato, le donne iniziano a sentire la necessità di trovare una propria dimensione culturale e umana. Dal Settecento è gradualmente più facile per la donna emergere e ritagliarsi il suo spazio all'interno della società, del lavoro e della famiglia. L'Illuminismo, che inaugura una nuova età di pensiero, non può trascurare la condizione femminile. È proprio in questo ambito che le donne iniziano a far sentire la loro voce, ma soprattutto a essere ascoltate. Anche se, ancora nell'Ottocento, ben poco cambia nella condizione familiare delle ragazze, che non possono « disporre di sé » nemmeno (anzi, tanto meno) nella scelta della persona da sposare. Non va infatti dimenticato che per lungo tempo la famiglia è stata considerata come « un'unità di produzione e consumo ». In quest'ottica è evidente che il matrimonio diventava una questione di tutti e non semplicemente dei due fidanzati. Era qualcosa che riguardava l'intero gruppo familiare, un contratto, un'alleanza o, per meglio dire, un affare la cui conclusione non doveva essere inficiata né da capricci né da ribellioni. Il Novecento, pur tra due guerre, segna l'emancipazione della donna in ogni campo e trova la sua più concreta espressione nei movimenti femministi degli anni Settanta.

E oggi?

La famiglia ha perso il cosiddetto « monopolio dell'educazione », poiché i valori tradizionali che cerca di trasmettere devono subire la pesante concorrenza dei mass media. Spesso le adolescenti, invece di seguire l'esempio materno, ne abbracciano uno esterno connotato dal sogno del successo al quale intendono conformarsi. A tale modello, rappresentato spesso dalla coetanea brillante e sicura, dall'attrice del momento o dalla cantante in testa alle *hit*, sono legati valori diversi da quelli familiari, ma forse più rispondenti al bisogno di autoaffermazione tipico dell'età. Rispetto al passato, comunque, bisogna dire che le adolescenti di oggi sono più determinate nel perseguire un obiettivo, anche per una maggiore coscienza di sé.

Un'ultima riflessione per concludere...

Un suggerimento: alle *teenagers* che lamentano poca libertà e troppe responsabilità consiglio di rileggere attentamente questo mio intervento e di provare a immedesimarsi per un attimo nelle loro «colleghe» del... bel tempo che fu!

MAKE LOVE, NOT WAR

Anni Sessanta e dintorni

« Siamo disgustati dalla guerra, dal razzismo, dall'essere parte di un sistema su cui non possiamo esercitare nessun controllo… che nega la libertà personale e sociale… che deve reprimere per continuare a esistere ». Queste semplici ma incisive parole possono essere considerate il manifesto del nascente movimento studentesco. Vediamo chi le formulò e quali furono le ragioni.

Tutto ebbe inizio nel settembre del 1968 negli Usa, quando alcuni studenti occuparono l'università di Berkeley (San Francisco) e la Columbia di New York. In quel periodo il Ministero della Difesa aveva commissionato alle università una ricerca per produrre nuove armi per la guerra nel Vietnam, ricevendo l'assenso di docenti, presidi e laboratori, ma senza tenere conto del crescente dissenso e delle istanze pacifiste che stavano emergendo tra gli studenti degli atenei.

Così, in breve, quella che fino allora era stata una semplice « questione di coscienza » divenne un vero e proprio boicottaggio che culminò con l'occupazione delle due università. Gli studenti non si limitavano a denunciare l'atteggiamento americano nel conflitto vietnamita: rivendicavano anche una maggiore autonomia nella scelta dei piani

di studio, il libero accesso alle università e più genericamente una cultura libera da mistificazioni. Il fenomeno, lungi dall'essere una realtà circoscritta ai soli Stati Uniti, si allargò a macchia d'olio.

In Europa il messaggio partito d'oltre Atlantico fu raccolto un po' ovunque. In Francia la cosiddetta goccia che fece traboccare il vaso ed esplodere la contestazione fu rappresentata da due interventi del Ministero della Pubblica Istruzione. Il primo era rivolto a limitare l'accesso degli studenti all'università attraverso una rigida selezione, il secondo prevedeva l'impiego di ricercatori e laboratori universitari per risolvere i problemi dell'industria. Anche qui, come negli Usa, le decisioni erano state prese senza tener conto delle istanze dei diretti interessati e la risposta non si fece attendere. Gli studenti, questa volta sostenuti da molti docenti, occuparono l'Università di Nanterre e la Sorbona di Parigi e proclamarono lo sciopero generale. La protesta si estese rapidamente anche ai licei parigini, poi alla Francia tutta. Intanto dall'Università Libera di Berlino ovest partiva una protesta che aveva le stesse motivazioni e lo stesso fervore di quelle americane e francesi.

In Italia la contestazione aveva dato i primi segni già nel corso del 1966, ma fu solo nel 1967 che le agitazioni si intensificarono. In quell'anno, a Torino, vi fu l'occupazione di Palazzo Campana, sede della facoltà di lettere, cui seguirono Trento, Milano (la prima università ad aderire al vento di riforma fu la Cattolica), Pisa e Firenze. La forza del movimento studentesco travolse rapidamente l'intero mondo accademico e scolastico italiano, al punto che l'anno successivo (1968) non vi erano praticamente facoltà che non fossero occupate o in assemblea permanente.

Purtroppo però i governi non compresero l'importanza di un'apertura o di un dialogo e non attuarono le riforme richieste e spesso attaccarono gli studenti con le forze di polizia: ci furono violenze, arresti, scontri e perfino morti anche perché nel frattempo il movimento dei « sessantottini » aveva rafforzato alcuni aspetti della contestazione e, oltre a denunciare il sistema educativo, si era unito, a seconda del luogo e della situazione, alle proteste delle minoranze nere, al movimento pacifista e/o a quello operaio.

Gli argomenti per i quali i giovani si battevano erano gli stessi da una parte all'altra del mondo: pace, amore e solidarietà, e si esprimevano attraverso un netto rifiuto della guerra del Vietnam e del razzismo, ma anche mettendo in discussione i rapporti tra il primo e il terzo mondo e, conseguentemente, l'intero sistema dell'economia capitalistica. A questi temi si affiancavano quelli specifici legati al diritto allo studio e alla ricerca di un rapporto diverso tra istituzioni scolastiche e studenti.

Uno degli episodi più drammatici avvenne a Città del Messico durante le Olimpiadi del 1968, quando furono uccisi sessanta studenti in piazza delle Tre Culture. Ma questo non arrestò la contestazione che, al contrario, arrivò anche negli stadi dove si stavano svolgendo i giochi. Clamorosa e « storica » sarà infatti la presa di posizione di due atleti Usa di colore, Tommie Smith e John Carlos, che, in segno di solidarietà con i manifestanti vittime degli scontri, saliranno sul podio dei duecento metri piani alzando il braccio e chinando il capo.

Woodstock e gli altri

Musica senza confini

Il vento di cambiamento degli anni Sessanta non poteva non investire anche il panorama musicale. Le novità artistiche di quegli anni sono moltissime e sarebbe difficile elencarle tutte; vale però la pena di ricordare un fenomeno irripetibile: quello dei festival. Andiamo a scoprirne alcuni dei più significativi.

Il 15 agosto 1969 si apriva il Woodstock Music and Arts Fair. Nonostante l'evento sia passato alla storia come «il concerto di Woodstock», la località dove si tenne fu in realtà White Lake. A causa delle imponenti misure di sicurezza adottate dalle autorità locali, infatti, la sede del *meeting* musicale venne spostata di ben ottanta chilometri e trasferita da Woodstock (piccola cittadina a nord di New York) alla sopra citata White Lake (presso Bethel).

Gli organizzatori dell'evento musicale avevano previsto una partecipazione di pubblico di circa cinquanta-sessantamila persone, ma con sorpresa e un po' di sgomento scoprirono che se ne erano messe in marcia più di un milione! Solo la metà, però, riuscì ad arrivare a destinazione; le altre restarono bloccate negli ingorghi che si erano formati un po' ovunque (le strade erano completamente paralizzate, tanto che i rifornimenti di generi alimentari e acqua potabile furono effettuati con mezzi aerei).

Nei tre giorni di quello che verrà definito come il «concerto più pacifico e pacifista della storia» si alternarono sul palco artisti già affermati come Jimi Hendrix, Joan Baez, Sly & The Family Stone, Arlo Guthrie e The Who, affiancati da altri allora semisconosciuti, ma destinati a raggiungere il successo. È il caso di Joe Cocker, Crosby Stills Nash & Young, Ten Years After, The Sha Na Na e la Santana Band.

Per quanto sia il più noto, Woodstock non fu il solo evento nel quale si celebrarono «pace, amore e musica». Il complesso intrecciarsi di vicende, sogni e speranze di quegli anni confluì in altre manifestazioni tra le quali meritano di essere ricordate l'Human be-in del gennaio 1967 al Golden Gate Park di San Francisco, il Festival di Monterey (California, Usa), nel giugno dello stesso anno, e il raduno dell'isola di Wight (Newport, Inghilterra) del 26 agosto, che fu il primo autentico festival rock europeo e venne seguito da oltre trecentocinquantamila persone.

Prescindendo dalla riuscita e dal successo (o dall'insuccesso) individuali, queste manifestazioni non sono state solo eventi musicali, ma hanno rappresentato un momento formativo di grande importanza per migliaia di giovani che si sono riconosciuti e identificati negli ideali ispiratori dei festival (« Peace & Love », « Pace, fiori e amore »...). Al di là del semplice spettacolo, infatti, Woodstock & Co. hanno rappresentato un modo attraverso il quale persone appartenenti a diverse correnti di pensiero scoprirono di essere elementi di un tutto molto più grande che andava oltre le ideologie, la cultura o l'estrazione sociale, rendendo ciascuno parte integrante di una schiera sconfinata di uomini e donne con sogni, illusioni, bisogni e problemi comuni. Forse è per questo che, a più di trent'anni di distanza, tali avvenimenti non sono stati dimenticati: oggi come allora c'è bisogno di sperare e di credere in una nuova era e in un futuro meraviglioso.

PACE, AMORE E ROCK AND ROLL: I GEN ROSSO

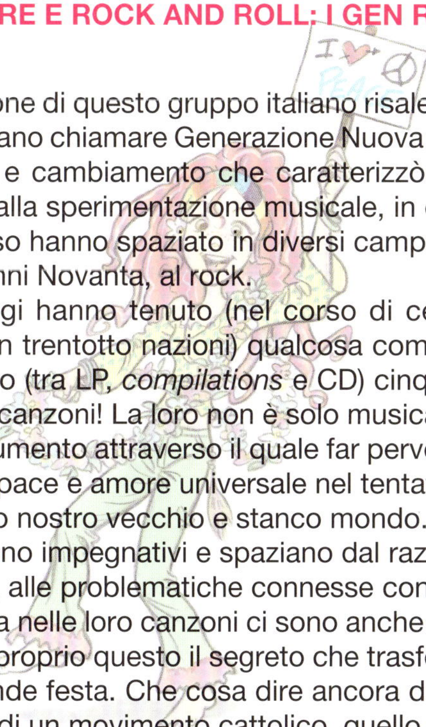

La prima apparizione di questo gruppo italiano risale agli anni Sessanta; allora si facevano chiamare Generazione Nuova in omaggio alla ventata di novità e cambiamento che caratterizzò quel periodo. Aperti alla ricerca e alla sperimentazione musicale, in oltre trent'anni di attività i Gen Rosso hanno spaziato in diversi campi per approdare, nel corso degli anni Novanta, al rock.

Dalle origini a oggi hanno tenuto (nel corso di centocinquanta *tournées* effettuate in trentotto nazioni) qualcosa come millecinquecento concerti, inciso (tra LP, *compilations* e CD) cinquanta dischi e pubblicato trecento canzoni! La loro non è solo musica di largo consumo, bensì uno strumento attraverso il quale far pervenire alle masse un messaggio di pace e amore universale nel tentativo di rendere meno egoista questo nostro vecchio e stanco mondo.

I temi affrontati sono impegnativi e spaziano dal razzismo al traffico d'armi, alla pace, alle problematiche connesse con la migrazione di popoli del Sud, ma nelle loro canzoni ci sono anche molta speranza e gioia, e forse è proprio questo il segreto che trasforma ogni loro concerto in una grande festa. Che cosa dire ancora di questi ragazzi? Che fanno parte di un movimento cattolico, quello dei Focolarini.

Il diavolo e l'acqua santa

Intervista a Giorgio Gallicchi e Paolo Alfieri

Negli anni Sessanta, a Milano, due amici vivono in prima persona avvenimenti e trasformazioni epocali. Il tempo passa, e i due, pur restando amici, prendono strade completamente diverse: Giorgio diventa sindacalista della CGIL, Paolo sceglie il sacerdozio. Sentiamo, in questa intervista a due voci, che cosa ricordano di quegli anni. La sigla GG indica le risposte di Giorgio Gallicchi, la sigla PA quelle di don Paolo Alfieri.

Lei ha vissuto in prima persona gli anni Sessanta. Com'erano i giovani di quel tempo? Che cosa volevano, che cosa cercavano, in che cosa credevano?

GG: I movimenti di quegli anni non erano, come qualcuno ha detto, unicamente dissacratori del vecchio, ma al contrario costruttivi e innovativi. Ciò che le nuove generazioni in Italia, e più in generale nel mondo, desideravano in quel momento era liberarsi dal fardello della povertà e dello spauracchio della guerra e per farlo avevano bisogno di nuovi ideali nei quali credere e per i quali lottare. A loro non bastava più un assetto formale delle cose e dei rapporti umani e sociali. Avevano bisogno di valori più autentici come pace, amore e solidarietà. La voglia di rinnovamento era incontenibile e non riguardava unicamente università e scuole, ma più in generale tutti gli aspetti della vita sociale. Per questo mi sento di affermare che gli anni Sessanta hanno rappresentato per l'Italia e per il mondo una sorta di « rinascimento culturale ».

PA: È difficile generalizzare: molti giovani credevano veramente negli ideali di cui il movimento si faceva promotore, altri erano in un certo senso « travolti dagli eventi » e si univano alla massa contestatrice non tanto per ragioni ideologiche, quanto perché il compagno di università, la fidanzata o l'amico facevano lo stesso. Per alcuni, anche se non per tutti, si trattava di un'azione puramente emulativa. Ovviamente questa ondata di novità influenzò anche il mondo cattolico. Basti ricordare che la prima università milanese a essere occupata fu proprio la Cattolica. In ogni caso condivido l'affermazione di Giorgio quando parla di « rinascimento culturale » e anzi aggiungerei che il « Medioevo » si è protratto proprio fino all'inizio degli anni Cinquanta.

C'è un famoso libro di Mario Capanna dedicato al fenomeno giovanile di quel periodo intitolato *Formidabili quegli anni*: lo furono davvero?

GG: Certamente! E non solo per ciò che hanno rappresentato in quel momento, ma anche, anzi soprattutto, per quello che ci hanno lasciato. Io non sono d'accordo con le affermazioni di coloro che vedono negli eventi degli anni Sessanta un fallimento. Il movimento si è esaurito nel tempo: come un grande amore con il passare degli anni si trasforma in affetto, così la forza propulsiva delle grandi battaglie ideologiche e sociali si è modificata, divenendo la base sulla quale si è innalzata la società attuale. È stato un processo inevitabile e naturale.

PA: Il titolo del libro tradisce una certa nostalgia per un periodo ormai molto lontano, mentre io credo che sia importante guardare al presente e al futuro, quindi ai giovani di oggi e ai loro bisogni. Tuttavia il mio giudizio sul mondo di allora non può che essere almeno in parte positivo. I sogni, i desideri di solidarietà, di pace e di amore dei giovani di quel tempo rendono il Sessantotto e dintorni un fenomeno certamente unico, an-

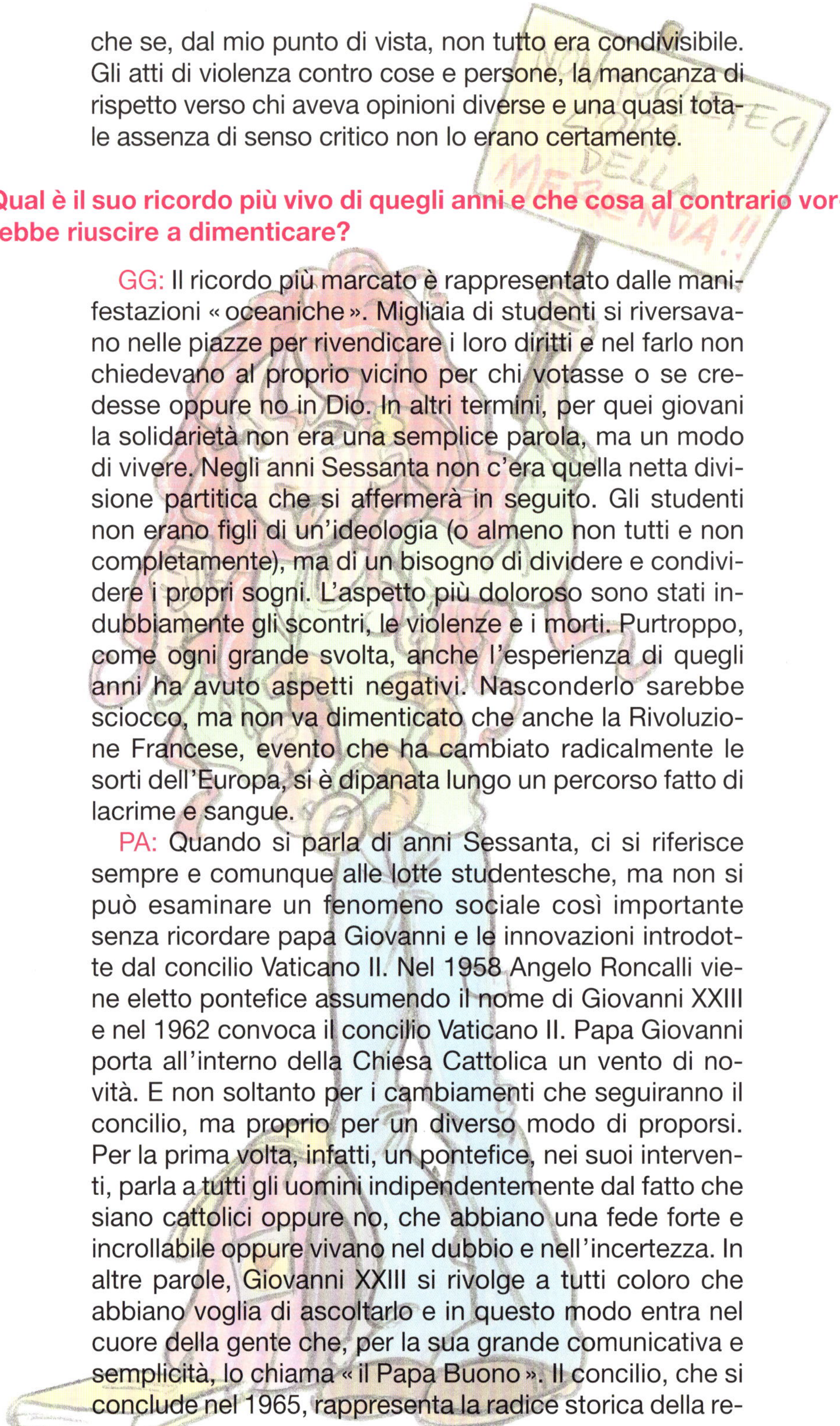

che se, dal mio punto di vista, non tutto era condivisibile. Gli atti di violenza contro cose e persone, la mancanza di rispetto verso chi aveva opinioni diverse e una quasi totale assenza di senso critico non lo erano certamente.

Qual è il suo ricordo più vivo di quegli anni e che cosa al contrario vorrebbe riuscire a dimenticare?

GG: Il ricordo più marcato è rappresentato dalle manifestazioni « oceaniche ». Migliaia di studenti si riversavano nelle piazze per rivendicare i loro diritti e nel farlo non chiedevano al proprio vicino per chi votasse o se credesse oppure no in Dio. In altri termini, per quei giovani la solidarietà non era una semplice parola, ma un modo di vivere. Negli anni Sessanta non c'era quella netta divisione partitica che si affermerà in seguito. Gli studenti non erano figli di un'ideologia (o almeno non tutti e non completamente), ma di un bisogno di dividere e condividere i propri sogni. L'aspetto più doloroso sono stati indubbiamente gli scontri, le violenze e i morti. Purtroppo, come ogni grande svolta, anche l'esperienza di quegli anni ha avuto aspetti negativi. Nasconderlo sarebbe sciocco, ma non va dimenticato che anche la Rivoluzione Francese, evento che ha cambiato radicalmente le sorti dell'Europa, si è dipanata lungo un percorso fatto di lacrime e sangue.

PA: Quando si parla di anni Sessanta, ci si riferisce sempre e comunque alle lotte studentesche, ma non si può esaminare un fenomeno sociale così importante senza ricordare papa Giovanni e le innovazioni introdotte dal concilio Vaticano II. Nel 1958 Angelo Roncalli viene eletto pontefice assumendo il nome di Giovanni XXIII e nel 1962 convoca il concilio Vaticano II. Papa Giovanni porta all'interno della Chiesa Cattolica un vento di novità. E non soltanto per i cambiamenti che seguiranno il concilio, ma proprio per un diverso modo di proporsi. Per la prima volta, infatti, un pontefice, nei suoi interventi, parla a tutti gli uomini indipendentemente dal fatto che siano cattolici oppure no, che abbiano una fede forte e incrollabile oppure vivano nel dubbio e nell'incertezza. In altre parole, Giovanni XXIII si rivolge a tutti coloro che abbiano voglia di ascoltarlo e in questo modo entra nel cuore della gente che, per la sua grande comunicativa e semplicità, lo chiama « il Papa Buono ». Il concilio, che si conclude nel 1965, rappresenta la radice storica della religiosità attuale. Per ciò che riguarda invece gli aspetti maggiormente negativi, ribadisco quanto già detto: la violenza che accompagnava le rivendicazioni giovanili di quegli anni era non solo non condivisibile ma, dal mio punto di vista, assolutamente condannabile.

La sua scelta di svolgere il lavoro che fa è stata in qualche modo influenzata dagli avvenimenti sociali che la circondavano oppure si è trattato di un percorso individuale?

GG: Dai primi anni Sessanta fino a tutto il Sessantotto c'è stata una sostanziale sottovalutazione del valore del lavoro e dell'uomo-lavoratore: era come se di colpo tutti e i soli problemi degni di considerazione fossero quelli degli studenti. In realtà il motore della società erano proprio i lavoratori. Questa cosa mi ha fatto molto riflettere e probabilmente ha influenzato le mie successive scelte professionali.

PA: Assolutamente no, si è trattato di un percorso individuale.

I giovani di allora, al di là di inevitabili differenze politiche o religiose, erano sorretti da un preciso scopo: costruire un mondo migliore fondato su valori quali la pace e l'amore. I ragazzi di oggi sembrano disorientati e privi di ideali: come se lo spiega?

GG: Non credo che i giovani di oggi siano privi di ideali. Credo semmai che la dolorosa esperienza della guerra e della ricostruzione degli anni Cinquanta abbia conferito al movimento studentesco degli anni Sessanta una forza e un'impetuosità uniche. Ma è solo una questione di forma, non di sostanza, basti pensare agli attuali movimenti per la pace o a quelli no-global. Anzi, direi che negli anni Sessanta c'era la necessità di risvegliare le coscienze, mentre oggi, al contrario, i giovani sono maggiormente informati e responsabili.

PA: Nemmeno io credo che ci sia una totale assenza di valori nei giovani di oggi, lo constato quotidianamente attraverso gli incontri con i ragazzi che frequentano la mia parrocchia. Certo non si può generalizzare poiché ciascuno è una realtà singola e come tale ha caratteristiche che lo rendono diverso dagli altri. Ma, in linea di massima, mi rendo conto che i giovani che hanno ricevuto una buona educazione dai genitori non li deludono.

L'ETICHETTA E' QUELLA DELLE CAMICIE ?!

Intervista a Martino Pizzi
***giornalista ed esperto di* bon ton**

Come definirebbe il *bon ton*?

È un insieme di regole di comportamento che riflettono la società a cui si riferiscono e della quale seguono le progressive vicende. Il *bon ton* di oggi si discosta enormemente dal *Galateo*, il codice di belle maniere di monsignor Della Casa pubblicato nel 1558: non si può parlare di regole o di forma prescindendo dal fattore attualità. Il *bon ton* è come uno specchio che riflette usi e costumi, vita di relazione, consuetudini sociali e morali. Le faccio un esempio: nel Medioevo a tavola non si usavano le posate e tutti i cibi venivano portati alla bocca usando le mani. Le regole di buona educazione dell'epoca prevedevano che in caso di starnuto la relativa « soffiata di naso » venisse fatta esclusivamente sulla mano sinistra, perché la destra andava preservata per il cibo. E non ho sbagliato dicendo « sulla mano » anziché « con la mano »: semplicemente i fazzoletti non erano stati ancora inventati...

Nel XXI secolo ha senso parlare di etichetta?

Certamente! Ma attenzione a non fare confusione: l'etichetta non è né deve essere una gabbia che ci costringa a limitare le nostre azioni, al contrario deve rappresentare un mezzo per essere noi stessi, ma nel rispetto degli altri. E il rispetto è un concetto fondamentale in ogni epoca storica.

Che cosa la irrita maggiormente quando si imbatte in una persona «formalmente scorretta?»

Non mi infastidisce tanto la mancanza di forma quanto l'ostentazione di un *bon ton* falso o superficiale. In modo particolare mi riferisco a quelle persone che usano l'etichetta per snobismo, per apparire migliori di quello che sono rimanendo nel loro intimo colossali cafoni. Anche perché, se è vero che per essere ben educati è necessario conoscere almeno un po' le buone maniere, sono dell'opinione che si possa conoscere l'etichetta e comportarsi da incivili.

Non crede sia preferibile la sostanza (ossia la correttezza morale) alla semplice forma (il *bon ton*)?

L'essenza delle cose è senza dubbio importante, anzi direi che la sostanza deve sempre avere la precedenza sulla forma, ma le due cose non possono prescindere l'una dall'altra. Non dimentichiamo che il *bon ton* originariamente nasce per attenuare la naturale aggressività degli uomini ed è quindi un passo importante verso la costruzione di rapporti civili tra le persone. La forma viene usata come strumento per mitigare la sostanza e tradurla in civiltà.

Quali sono gli errori più comuni?

Uno dei più diffusi è senz'altro far passare prima una signora entrando in un locale pubblico. Ritengo che sia ingenerato dal fatto che per regola generale a una donna si deve sempre cedere il passo. Ma questa eccezione ha una sua logica non priva di significato:

il cavaliere varca la soglia per primo per dare un'occhiata al luogo e verificare se far entrare oppure no la sua compagna. Ce ne sono poi molti altri. Per esempio, il primo che mi viene in mente è l'uso degli stuzzicadenti a tavola. Ritengo sia uno dei gesti più volgari e maleducati che si possano immaginare, secondo solo alla pratica del... mettersi le dita nel naso! Assolutamente da evitare! Se i residui di cibo creano qualche problema, meglio appartarsi alla *toilette* e fare un uso intensivo di dentifricio e spazzolino. Un'altra pratica dilagante è quella di parlare ad alta voce, forse in ossequio al principio secondo cui «chi urla di più ha ragione» (?!). In realtà si tratta di un atteggiamento molto poco educato: strillare fa tanto mercato del pesce, infastidisce gli altri e fa conoscere anche a chi non ne ha alcuna voglia o interesse i fatti nostri. Nella lista delle infrazioni al *bon ton* aggiungerei poi la pratica (ahimè diffusissima) di interrompere qualcuno che sta parlando. Inoltre dare pacche sulle spalle, sollevare il dito mignolo bevendo da una tazzina, parlare a tavola della popò del bambino o dei propri problemi gastrointestinali, rosicchiarsi le unghie o non pulirle, eccetera.

Basta così, la prego! Ci dica piuttosto: ci sono occasioni nelle quali ci si può lasciare andare incuranti della forma?

Sicuramente quando si è soli, anche se qualcuno ha detto che la persona veramente corretta non modifica il suo atteggiamento nemmeno quando nessuno la vede.

Lei ha in programma di realizzare un manuale dal titolo *Trash ton*: vuole parlarcene?

Sull'etichetta e le buone maniere sono stati versati fiumi di inchiostro: in materia ognuno ha detto la sua. Qualcuno ha usato un tono serio e un po' supponente, altri hanno affrontato l'argomento con sottile arguzia, ma nessuno con scanzonata ironia. Gli autori si sono avvicinati all'argomento partendo dal presupposto che fosse necessario fornire al lettore un insieme di regole da osservare, io ho invece pensato che creare un manuale pieno zeppo di suggerimenti folli e paradossali dovrebbe portare il lettore a pensare: "No, così non si fa proprio! Se mi comportassi in questo modo mi coprirei di ridicolo!"

Vuole darcene un saggio?

La tenuta ideale per presentarsi a un colloquio di lavoro potrebbe essere la seguente: unghie lunghe (o rosicchiate, a seconda delle preferenze) e possibilmente nere. Mani sudaticce, camicia stropicciata, calzoni « vissuti », calzini corti e un'immancabile spolverata di forfora sulla giacca. Va da sé che accanto a questi consigli « sconsiderati » ci saranno anche notizie vere, ma in ogni caso il tono generale del manuale sarà leggero e scherzoso. Insomma *Trash ton* sarà un libro da leggere con il sorriso sulle labbra, ma si potrà comunque trarne validi insegnamenti, senza sentirsi uno scolaretto colto in flagrante.

BOX CURIOSITÀ

1

Speriamo non sia femmina! Nell'antica Grecia la nascita di un figlio maschio veniva comunicata appendendo alla porta di casa un ramo d'ulivo, ma se si trattava di una femminuccia, anziché l'ulivo, si attaccava all'uscio un cerchio di legno che stava a significare... « cattive notizie! »

2

Soddisfatti o rimborsati? A Roma, agli inizi della Repubblica, i rapporti tra uomini e donne erano molto formali. Pare che i mariti fossero estremamente rigidi e poco espansivi con le consorti e che, anche in caso di prematura scomparsa della « dolce metà », non perdessero questo loro proverbiale rigore. Questa mancanza di tenerezza si può verificare osservando le iscrizioni sulle lapidi dove, come massima espressione di lode nei confronti della defunta, si trova l'iscrizione S.U.Q. (*sine ulla querela*, ossia « senza alcuna lamentela »!)

3

Look e bon ton*: le pianelle*. Nel 1400 le calzature montate su rialzi di cuoio, legno o sughero, largamente diffuse in Italia e Spagna (le cosiddette pianelle), provocarono addirittura l'intervento del confessore della regina di Spagna Isabella, il quale ebbe a dichiarare che le scarpe di quel tempo, alte un gomito, avrebbero ben presto esaurito le scorte di sughero dell'intero Paese.

4

Look e bon ton*: il guardinfante*. In epoca rinascimentale inizia a diffondersi l'uso di una struttura rigida, simile a uno scudo, formata da cerchi e stecche. Questa complessa armatura serviva a tenere l'abito scostato dai fianchi e consentiva di dar vita a modelli di ampiezza inusitata: a volte per realizzare una sola gonna potevano essere impiegati oltre trenta metri di tessuto.

5

Ancora sul guardinfante. Questo « accessorio » tanto amato dalle dame inglesi, al punto da diventare un segno distintivo della moda anglosassone, subì anche aspre critiche. Risale al 1583 una sorta di manifesto « antiguardinfante » intitolato *Ragionamento di sei nobili fanciulle genovesi*, nel quale se ne disapprova l'uso facendo rilevare che: il guardinfante rende difficilissimo passare attraverso le porte, scomodissimo se non impossibile sedere, provoca difficoltà nella respirazione e, durante la gravidanza, compromette lo sviluppo del feto. Inoltre, tenendo celate sotto l'impalcatura eventuali gravidanze, poteva incoraggiare nelle donne comportamenti moralmente inaccettabili.

IL GIUSTO LOOK
DOVE HAI PRESO QUESTI JEANS STRACCIATI? NON TI VERGOGNI A USCIRE COSÌ? DEVI SCEGLIERE UN ABBIGLIAMENTO PIÙ ADATTO ALLA TUA ETÀ, BLA... BLA...
ESCI DALLE CONVENZIONI! NON PERMETTERE AL SISTEMA DI APPIATTIRTI!
... PIÙ SOBRIO...
IL PIERCING È LIBERTÀ È IL SOLO VERO MODO PER ESSERE SÉ STESSI...
EPPURE TI HO INSEGNATO LE BUONE MANIERE!
SII TE STESSA E NON QUELLA CHE GLI ALTRI VOGLIONO CHE TU SIA! RIVENDICA LA TUA PERSONALITÀ AL DI FUORI DEGLI SCHEMI!!
POCO DOPO...
TATTOO E PIERCING
!
E COSÌ...
SALLY HA RAGIONE... ORA SONO DAVVERO IO! SONO UNICA!!
?!?

Test

Tutti a tavola!

Come si apparecchia correttamente? Come si usano le posate? Qual è l'ordine delle portate? Scopri il tuo grado di conoscenza del galateo rispondendo alle domande del test e... non voltare pagina! Non è mai troppo presto per imparare le buone maniere!

1

Il tovagliolo va collocato:

a) Sotto il piatto
b) A sinistra del piatto
c) A destra del piatto

2

La prima posata da utilizzare quando si inizia un pranzo è:

a) Quella più vicina al piatto
b) Quella più esterna
c) Dipende da che cosa si mangia

3

I segnaposti vanno collocati:

a) Sopra il piatto
b) Tra le posate da dessert e i bicchieri
c) Dietro ai bicchieri

4

Dopo aver lavato accuratamente l'uva, la si serve:

a) Così come si trova
b) Ridotta in piccoli grappoli
c) Ridotta in acini

5

Si serve prima il pesce o la carne?

a) Prima il pesce
b) Prima la carne
c) Non è importante l'ordine ma l'armonia tra i sapori

6

Si serve prima l'antipasto freddo o quello caldo?

a) Si alternano
b) Prima quello caldo
c) Prima quello freddo

Soluzioni

1/c - A destra del piatto.
2/b - Quella più esterna.
3/b - Tra le posate da dessert e i bicchieri.
4/b - Ridotta in piccoli grappoli.
5/a - Prima il pesce.
6/c - Prima quello freddo.

Profili

Risposte esatte

Da 0 a 2 Beh... ecco... Diciamo che la tua competenza in tema di *bon ton* domestico... lascia un po' a desiderare... Ma niente di grave, alla tua età hai tutto il tempo per imparare, basta volerlo!

Da 3 a 4 Brava! Hai totalizzato un ottimo punteggio. Certo non hai fatto l'*en plein*, ma il risultato è davvero lusinghiero! Non sono molte le adolescenti che possono vantare simili conoscenze in materia di galateo.

Da 5 a 6 Complimenti! Sai davvero tutto sulla tavola e su come ci si comporta, ma... sei proprio sicura di non aver chiesto aiuto alla mamma o sbirciato le soluzioni? Se non hai «barato», meriti davvero un bel 10 e lode!

TINNY? C'EST MOI!

Intervista a Elena Fardin
teenager

Quanti anni hai?

Tredici!

Che cosa si prova a essere diventate « grandi »?

È una gran bella sensazione. Mi sento più serena e più responsabile. Anche gli altri si rendono conto di questo cambiamento e mi trattano con maggior rispetto.

Quali sono i tuoi rapporti con le amiche? Hai un'amica del cuore?

No, una in particolare no, sono amica di tutti. Oddìo, di tutti tutti… forse no! Riesco a « legare » più facilmente con le ragazze che si dimostrano subito sincere, con quelle leali che non ti parlano alle spalle, che sono simpatiche e spontanee. Insomma quelle che mi somigliano un po'…

Com'è il tuo rapporto con la mamma?

Molto buono, io e lei abbiamo lo stesso carattere e per questo ci intendiamo al volo.

Ti confidi con lei?

Beh… no, non proprio. Insomma, ci sono cose che appartengono solo a me. Fanno parte del mio privato!

Parlaci dei tuoi fratelli.

Ho due fratelli: Edoardo, il maggiore, ha sedici anni, Elisa tre. Con mio fratello ho un bellissimo rapporto, abbiamo un'affinità maggiore dovuta probabilmente all'età e andiamo molto d'accordo. Con Elisa invece litigo spesso: mi imita e questo mi infastidisce moltissimo. Però le voglio un mondo di bene! Le divisioni nei rapporti con i miei fratelli non sono sempre così nette: alle volte loro si coalizzano contro di me e allora… sono dolori! Per fortuna spesso tutto finisce con una risata.

Nella tua vita c'è un amico speciale?… Insomma, hai un fidanzatino?

NO! *(ride)*

Quali sono i tuoi hobby?

Quelli di tutte le ragazze della mia età: uscire con le amiche, fare *bricolage*, guardare la TV, ascoltare musica.

Quali sono i tuoi generi musicali preferiti?

L'amore per la musica è a 360 gradi, ascolto praticamente di tutto a eccezione del rock.

C'è qualcosa che ti turba o ti spaventa?

Mi ritengo una ragazza molto serena, però crescere comporta anche dover fare delle scelte e ciò mi mette sempre un po' a disagio. Non si tratta di reali paure, ma di semplici timori. Ad esempio, in questo momento mi turba abbastanza l'idea di dover decidere quale scuola superiore frequentare il prossimo anno. È una scelta molto importante che condizionerà la mia vita futura: non posso correre il rischio di sbagliare.

Riesci a immaginare come sarai da adulta?

No, non ci ho mai pensato. Preferisco vivere nel presente.

Se un genio della lampada potesse esaudire tre tuoi desideri, che cosa gli chiederesti?

Vorrei che… a scuola andasse sempre tutto OK, non mi mancassero mai amiche sincere, fossi felice, non solo ora, ma anche da adulta!

Glossario

CORSO DI CHITARRA ACUSTICA
MARTEDÌ ORE 21
?!
CORSO DI CUCINA TIROLESE
LEZIONE DI INGLESE
NUOTO

LE DONNE 2004
VITA DI UNA DONNA NEL 900
LE DONNE NELL'800
IL 700
LA DONNA DEL 600
IL RINASCIMENTO
LA DONNA MEDIEVALE
L'ANTICA GRECIA

ACIDO GLICOLICO Derivato della canna da zucchero utilizzato per favorire l'eliminazione dello strato superficiale della pelle (quello in cui si concentra l'accumulo delle cellule morte).

ADOLESCENZA Età della vita tra la fanciullezza e l'età adulta, caratterizzata dalla maturazione sessuale.

ALABASTRO Varietà di roccia calcarea traslucida, simile al marmo ma assai più tenera, che viene usata in lavori artistici o ornamentali. Può essere bianca, gialliccia o bruna.

ANORESSIA Mancanza patologica di appetito.

ARS AEDIPEA Espressione latina che significa «arte di Edipo». Secondo una leggenda Edipo fu il primo enigmista della storia. Infatti, grazie al suo intuito, riuscì a risolvere l'enigma della Sfinge, liberando così la città di Tebe dal mostro. L'indovinello era il seguente: «Qual è l'animale che la mattina cammina con quattro gambe, a mezzogiorno con due e la sera con tre?». Soluzione: l'uomo!

ASETTICO In senso medico significa «privo di germi o di infezioni», per estensione il termine è passato a indicare ciò che è freddo e privo di passionalità.

ASFITTICITÀ Qualità di ciò che è asfittico, cioè in stato di asfissia totale o parziale. In senso figurato, privo di vitalità.

AUTOIRONIA La capacità di ridersi addosso. È propria di chi riesce a non prendersi troppo sul serio, ma sa sdrammatizzare le situazioni che lo riguardano.

AUTOLESIONISMO Il produrre deliberatamente una lesione, temporanea o permanente, sul proprio corpo oppure sminuirsi, denigrarsi.

AUTOSTIMA Opinione buona e positiva di sé, dei propri meriti o delle proprie azioni.

BATTERIO Microrganismo unicellulare senza nucleo distinto. Il termine, che deriva dal greco *bakterion*, «bastoncino», fu introdotto dal naturalista tedesco C.G. Ehrenberg, che nel 1838 diede alle prime specie scoperte questo nome proprio per la loro forma.

BERGAMOTTO Albero delle rutacee simile all'arancio con fiori bianchi. Produce un frutto piccolo e rotondo, da cui si estrae un'essenza usata in profumeria e nell'industria dei liquori.

BIRDWATCHING Attività che consiste nel conoscere e osservare da vicino gli uccelli e le loro abitudini. Si pratica camminando in particolari habitat oppure appostandosi in luoghi fissi.

BODY BUILDING Letteralmente «costruire il corpo». Complesso di esercizi fisici (prevalentemente pesistica) praticati per «scolpire» il corpo, modificando forma e resistenza dei muscoli. In italiano culturismo, cultura fisica.

BOY SCOUT In inglese significa giovane *(boy)* esploratore *(scout)*.

BULBO PILO-SEBACEO Struttura da cui nasce il pelo e dalla quale viene prodotto il sebo ossia il grasso che ha la funzione di mantenere la pelle morbida ed elastica.

BULIMIA Dal greco « fame da bue ». Aumento della sensazione di fame derivante da malattie psichiche o organiche.

BUONISMO Ostentazione di buoni sentimenti, di tolleranza e benevolenza verso gli avversari, specialmente in politica.

CATTIVITÀ Letteralmente « schiavitù », « prigionia ». Indica la condizione degli animali nati e cresciuti in allevamenti o in giardini zoologici.

CELLULITE Deposito di adipe dovuto specialmente a disfunzioni endocrine.

CHEMIOCHIRURGIA Terapia chirurgica di tessuti patologici precedentemente fissati con sostanze chimiche allo scopo di permettere un rapido esame microscopico.

CIFOSI Curvatura della colonna vertebrale a convessità posteriore, considerata fino a un certo limite fisiologica.

CISTEINA Amminoacido solforato. È contenuto in tutte le proteine.

CISTI Formazione patologica in forma di vescichetta globosa, con contenuto fluido o pastoso.

CISTINA È il prodotto di ossidazione della cisteina.

CISTITE Infiammazione della vescica urinaria.

COMEDONE o PUNTO NERO Piccola massa scura in superficie, costituita da sebo e da cellule della pelle sfaldate, che ostruisce l'ingresso del bulbo pilifero. I comedoni, detti comunemente punti neri, sono molto frequenti nei soggetti affetti da acne o seborrea.

COMIC STRIP In inglese « striscia comica a fumetti ».

COMMERCIO SOLIDALE È un'alternativa al commercio tradizionale diretta a promuovere giustizia sociale ed economica, sviluppo sostenibile, rispetto per le persone e l'ambiente.

CRIOCHIRURGIA Tecnica chirurgica che utilizza l'azione di bassissime temperature per demolire tessuti malati e formazioni patologiche.

CRONICIZZAZIONE Si dice di ciò che è difficilmente eliminabile perché diventato cronico, persistente o radicato.

DEPRESSIONE Alterazione del tono dell'umore, caratterizzato da avvilimento e tristezza con diminuzione del livello di attività.

DERMOABRASIONE L'atto e l'effetto del togliere via la pelle con piccole raschiature.

DISTILLAZIONE L'operazione del distillare. Viene effettuata per separare uno o più liquidi volatili (che passano facilmente allo stato gassoso) dalle sostanze, non volatili, in essi contenute o liquidi di volatilità diversa. Consiste nel fare bollire il liquido e nel raffreddare e condensare i vapori ottenuti.

DRESSEUR In francese « addestratore di animali ».

EFELIDE Piccola macchia liscia della cute di color giallo-bruno; è chiamata anche lentiggine.

ELETTROCHIRURGIA Chirurgia che utilizza la corrente elettrica alternata ad alta frequenza per coagulare o essiccare tessuti.

EPIDERMIDE Strato superficiale della cute che mette l'organismo umano direttamente a contatto con il mondo esterno e che ha funzione eminentemente protettiva.

ESTROGENI Ormoni ovarici che agiscono sullo sviluppo dei caratteri femminili e sul ciclo mestruale.

ETEROGENEO Di natura e caratteri diversi.

FANZINE Rivista per appassionati di un settore (es. fantascienza, musica rock, ecc.). Dall'inglese *fan* (appassionato) + *magazine* (rivista).

FERTILITÀ Qualità di ciò che ha capacità riproduttiva.

FITNESS In inglese significa « stare bene », « essere in forma ».

FOLLICOLO PILIFERO Canale che unisce il bulbo alla superficie esterna della pelle.

FOTOMONTAGGIO Composizione ottenuta con varie fotografie o loro parti affiancate o parzialmente sovrapposte.

GHIANDOLE SEBACEE Ghiandole che si trovano nel derma, lo strato profondo e più spesso della pelle. Secernono il sebo e lo versano sia nei follicoli piliferi sia direttamente alla superficie dell'epidermide.

GLOBALIZZAZIONE Termine di origine anglosassone che indica il processo di unificazione culturale, politica ed economica in atto a livello planetario.

GRIFFATO *(GRIFFE)* Nella moda, marchio, firma, etichetta; stile.

HACKER Chi froda tramite computer, violando la memoria di un computer altrui.

HIT Vocabolo di origine inglese che significa « colpo ». Per estensione « colpo messo a segno ». In campo discografico indica una canzone di successo.

HOUSE Genere musicale che nasce in America a metà degli anni Ottanta. Si tratta di un tipo di musica *dance*, figlia della tecnologia. Infatti è proprio con l'uso di computer, *sequencer* e sintetizzatori che prende vita.

ILLUMINISMO Movimento filosofico-culturale che si proponeva di combattere l'ignoranza, il pregiudizio e la superstizione applicando l'analisi razionale a tutti i possibili campi dell'esperienza umana. Nasce nel XVIII secolo e coinvolge tutta l'Europa.

INTROVERSIONE Atteggiamento psicologico di interesse alla propria interiorità e soggettività.

KHOL Cosmetico di colore blu o nero a base di sostanze vegetali o grassi animali. Può essere solido o in polvere. È detto anche *kajal*.

LAMPADE A RAGGI UVA Apparecchi in grado di produrre radiazioni artificiali che, sostituendosi alla luce solare, danno calore, benessere e una veloce abbronzatura.

LAPSUS Distrazione, errore involontario. Si conoscono due tipi di lapsus: il *lapsus calami*, errore involontario nello scrivere, e il *lapsus linguae*, errore involontario nel parlare.

LASER CO_2 Si tratta di un laser ad anidride carbonica in grado di emettere una radiazione a infrarossi che distrugge le cellule e i loro nuclei per istantanea vaporizzazione del contenuto acquoso, mentre il tessuto immediatamente contiguo non subisce variazioni di temperatura ed è integralmente risparmiato.

LEADER Indica chi sta al vertice di un partito o di uno schieramento politico e, per estensione, un capo o una persona di indiscusso valore. Dall'inglese *to lead* «guidare».

LOOK Aspetto, immagine, apparenza o espressione. Termine in uso soprattutto nel linguaggio della moda per indicare l'immagine offerta attraverso il trucco e l'abbigliamento.

LORDOSI Curvatura della colonna vertebrale a concavità posteriore. È fisiologica nei tratti cervicale e lombare.

MAKE-UP Belletto, trucco del viso. Anche *maquillage*.

MANDARINO Nell'antico impero cinese, funzionario civile.

MARKETING Complesso di funzioni e di attività aziendali organizzate per trasferire i beni dal produttore al consumatore.

MASCARA Cosmetico per scurire e allungare ciglia e sopracciglia.

MASS MEDIA Letteralmente «mezzi di comunicazione di massa». Con questo termine si indica l'insieme di tutti quegli strumenti di divulgazione dell'industria culturale quali, per esempio, stampa, cinema e televisione.

MATURITÀ PSICOBIOLOGICA Raggiungimento del completo sviluppo sia fisico sia interiore.

MENOPAUSA Cessazione delle mestruazioni per arresto dell'ovulazione. Vocabolo composto da due parole greche che significano «cessazione del mese» (nel senso di flusso mensile).

MONDIALITÀ Atteggiamento di osservanza di valori quali solidarietà e fratellanza tra i popoli, rispetto della vita e dei diritti civili di ognuno, salvaguardia di ogni libertà di pensiero, di coscienza e di religione.

MULTIMEDIA o MEZZI MULTIMEDIALI Dispositivi per l'elaborazione di informazioni. Voce inglese composta di *multi-* «più di uno, molteplici» e *media* «mezzi di comunicazione».

MURALES Grandi affreschi dipinti sulle pareti esterne di case o edifici pubblici. Con tale termine si indica anche un genere di pittura messicana.

NODULO In medicina, formazione interna, di varia natura, tondeggiante e granulosa.

NO-GLOBAL Contrario alla globalizzazione.

NUBILE Il significato odierno è «donna non sposata» o, per estensione, «che è in età da marito». Il termine viene dal latino *nubes* (nube), perché la sposa durante la cerimonia nuziale veniva velata.

ODONTOIATRIA Ramo della scienza medica che studia le affezioni dentarie.

OLISTICO Relativo all'olismo, teoria secondo la quale l'organismo è un tutto superiore alla semplice somma delle parti. Dal greco *olos* «tutto intero».

ORMONI Sostanze prodotte dalle ghiandole endocrine in seguito a stimoli specifici e capaci di agire in modo altrettanto specifico su singoli organi o processi del metabolismo.

ORTODONZIA Letteralmente significa «denti dritti» ed è quella branca dell'odontoiatria che si occupa della prevenzione e della cura delle malocclusioni.

PARAMORFISMO Deformazione del corpo umano, specialmente dovuta a deviazione della colonna vertebrale.

PATOLOGIA Parte della medicina che studia i rapporti tra le cause e l'evoluzione delle malattie. Per estensione, la malattia stessa.

PATRIA POTESTAS Letteralmente «potere del padre». Indicava il diritto conferito dalla legge al capofamiglia per il perseguimento di un interesse superiore.

PEDAGOGO Propriamente «colui che conduce i fanciulli». Per estensione, istitutore o precettore di fanciulli oppure guida intellettuale.

PEELING Procedimento di abrasione superficiale dello strato più esterno della pelle, usato per eliminare le cellule morte.

PERCEZIONE L'atto dell'assumere i dati della realtà esterna mediante i sensi o l'intuito.

PIERCING In inglese significa «penetrante», «pungente». Perforazione della pelle e dei tessuti sottostanti per creare una piccola «galleria» nella carne. Generalmente viene praticato nei lobi delle orecchie, nelle narici, nel setto nasale, nelle labbra, nell'arco sopraccigliare. Vi si inseriscono piccoli oggetti quali anelli in metallo, bastoncini e pesi.

PIN-UP Ragazza di bell'aspetto e forme procaci, la cui foto viene pubblicata su riviste, calendari e materiali pubblicitari.

PLACCA Materiale di origine in prevalenza alimentare che, se non asportato regolarmente, si accumula sulla superficie dei denti favorendo il proliferare dei batteri e la formazione della carie.

PSICOSI Malattia mentale con alterazione della personalità.

PSICOTERAPEUTA Chi pratica la psicoterapia.

PSICOTERAPIA Sistema di cura dei disagi mentali che si basa esclusivamente o prevalentemente sui mezzi psichici anziché su quelli farmacologici.

PUBERTÀ Periodo di sviluppo e d'inizio dell'attività delle ghiandole sessuali.

RAP È una delle quattro discipline in cui si articola la musica *hip hop*. Nasce nelle comunità afroamericane come strumento di denuncia, ma ben presto esce dal ghetto ed entra nell'industria discografica, in quella televisiva, cinematografica, editoriale, creando nuovi modi di esprimersi, di vestirsi, di pettinarsi, in altre parole nuovi modi di essere.

REMIX Dall'inglese *mixing*, « miscuglio », indica l'operazione consistente nella registrazione simultanea su un unico nastro o CD di più segnali quali dialogo, rumori o musica.

RINITE Infiammazione della mucosa nasale, sinonimo di raffreddore.

SCOLIOSI Deviazione laterale della colonna vertebrale.

SESSUALITÀ Complesso dei caratteri sessuali e dei fenomeni legati al sesso.

SPEAKER Annunciatore, lettore; anche voce fuori campo.

SPIROMETRIA Determinazione, mediante apparecchi detti spirometri, della quantità d'aria che può essere inspirata ed espirata durante gli atti respiratori.

STRESS Qualunque condizione, fisica o psichica, che, esercitando uno stimolo dannoso sull'organismo, ne provochi la reazione.

SURROGATO Prodotto alimentare di minor valore usato al posto di un altro genuino. Per esempio, l'orzo tostato è un surrogato del caffè.

TAROCCO Ciascuna delle 22 carte figurate che, con altre 56 di quattro semi, formano il mazzo usato per il gioco dei tarocchi.

TEENAGER Dall'inglese *teen* (terminazione dei numeri cardinali da 13 a 19) e *ager* (da *age*, « età »). In italiano adolescente.

TOSSINE Sostanze, generalmente molto tossiche, di natura proteica, prodotte da microrganismi (cioè organismi vegetali o animali di piccolissime dimensioni) e da alcuni animali. Con esse si possono ottenere sieri immunizzanti.

TRASH Letteralmente in inglese significa « spazzatura ». Il termine è passato a indicare una cosa o un comportamento di cattivo gusto.

VALGISMO Deviazione assiale di un arto che si allontana dal piano di simmetria del corpo.

VARISMO Deviazione assiale di un arto che si avvicina al piano di simmetria del corpo.

Sei curiosa di conoscere più da vicino Luana Ravecca, l'autrice di *Vedo rosa*, e Paola Camoriano, l'illustratrice? Allora non perdere le prossime pagine!
LUANA RAVECCA
PAOLA CAMORIANO
PAOLA CAMORIANO 03

Care amiche,

quelle che vi stanno parlando (o meglio, che vi stanno miagolando) siamo proprio noi, le due gattine grigie nel disegno. Ci chiamiamo Gelsomina e Babette, mentre la «gattona» bionda si chiama Luana Ravecca ed è la nostra adorata padroncina.

Siccome ogni tanto si diverte a fare la timida, oggi ha pregato noi di presentarla e così vi diciamo subito che Luana è nata a La Spezia ed è un tipo davvero favoloso (nel senso che ha pubblicato anche delle favole), dolcissimo (nel senso che sgranocchia pasticcini pure dormendo) e piuttosto enigmatico (nel senso che sa ideare divertenti giochi enigmistici).

Ma ciò che la tiene veramente occupata, fra una coccola a noi e una al marito Achille, è la sua attività di scrittrice che esplica freneticamente durante l'estate, quando scrive cartoline a tutti gli amici e... come? Okay, la padroncina ha detto di piantarla di fare le spiritose e di cominciare a presentarla davvero.

E allora vi diremo che Luana ha già al suo attivo quattro bei libri interattivi, tre dei quali sono rivolti a un pubblico fra i sei e i dieci anni e vengono diffusi nelle scuole come supporto didattico, in luogo dei vecchi sussidiari. Tali libri contengono giochi, informazioni e curiosità legati alle materie scolastiche e sono intitolati *Allenamente 1*, *Allenamente 2* e *Allenamente 3*. Un quarto volume, *Allenamente Junior*, è simile nella struttura ai precedenti, ma è indirizzato ai bambini in età prescolare. Luana collabora inoltre con vari giornali e riviste e in particolare è molto orgogliosa di una fiaba che ha scritto per Paoline Editoriale Libri e che s'intitola *La magia della casa parlante*.

Una tipa davvero in gamba, non credete? (Detto fra noi, non l'abbiamo mai vista saltare sulla credenza o inseguire una pallina sotto il divano e temiamo davvero che non ne sia capace, ma insomma... dopotutto nessuno è perfetto!)

Alt... Fermi tutti... Queste due smorfiose hanno già parlato... *pardon* miagolato abbastanza. Adesso tocca a me! Come? Chi sono?! Ma Artù, il bassotto (guai a chi mi chiama piccoletto!) di Paola Camoriano, la fantastica, unica, inimitabile illustratrice di *Vedo rosa*. La mia padroncina è proprio una grande artista! Le bastano una matita e un tubetto di tempera per colorare ovunque (ne so qualcosa io che vivo con lei e devo sopportare i suoi continui «abbellimenti» artistici della nostra casa!).

Ma andiamo per gradi: la «talentosa» Paoletta, dopo aver conseguito il diploma al liceo artistico, ha frequentato con profitto (diciamo la verità, è un po' secchiona!) il corso triennale della Scuola del Fumetto di Milano. Poi ha iniziato a collaborare con giornali e riviste prestigiose come *Il Giornalino* (della Periodici San Paolo), per il quale ha realizzato il finalino *Brooklyn 1920* seguito da un episodio di *Zia Agatha*, dalla serie *Maj Lin*, dai *Jingles* e *Don Matteo*. Ha inoltre pubblicato un bellissimo libro: la biografia a fumetti di monsignor Novarese per la

CVS di Roma; per quest'opera, della quale va giustamente orgogliosa, l'infaticabile Paola ha curato anche la sceneggiatura e la colorazione (hai detto niente?!).

Tra un fumetto e l'altro, poi, la super padroncina lavora come copertinista e illustratrice realizzando loghi, cartelloni e scenografie grafiche per cartelloni. Paola, che vive con il sottoscritto a Vercelli, nel tempo libero si dedica al *découpage* (è bravissima anche in questo!) e realizza splendidi oggetti.

Insomma, è brava, bella, paziente (altrimenti come avrebbe fatto a lavorare così a lungo con una pazza scatenata come Luana?!) e sprizza simpatia da tutti i pori.

Che dire ancora? Beh... peccato non sappia scodinzolare.

Si ringraziano per la gentile collaborazione: Paolo Alfieri, Isabella Brunetti, Simone Caelli, Ced Milano (Centro Educazione Demografica), Vittoria Della Porta, Michela Desolei, Caterina Fallanca, Elena Fardin, Paolo Fardin, Adolfo Fossataro, Giorgio Gallicchi, Michele Gazzarri, Ausilio Giannoni, Rosella Mioli, Sonia Perini, Camilla Pizzardi, Martino Pizzi, Ilario Ricci, Roberto Rinaldi, Lorenza Segato, Gianni Tramaloni, Luana Vantadori, Maria Chiara Viel, Achille Zanaboni, Bruna Zironi.

INDICE

3
CHE COSA FARÒ DA GRANDE

4
NOI E GLI ALTRI

5
NOI E... NOI

Stampa: Àncora Arti Grafiche - Milano - 2008